U0577137

HUASHUO SANGUO

婳说三国

婳婳 著

敦煌文艺出版社

图书在版编目（ＣＩＰ）数据

婳说"三国" / 婳婳著. -- 兰州 ： 敦煌文艺出版社，2022.9
ISBN 978-7-5468-2245-7

Ⅰ．①婳… Ⅱ．①婳… Ⅲ．①人物－评传－中国－三国时代 Ⅳ．①K820.36

中国版本图书馆CIP数据核字（2022）第181670号

婳说"三国"
婳 婳 著

责任编辑：赵 静
插 图：吴至秫
装帧设计：韩国伟

敦煌文艺出版社出版、发行

地址： （730030）兰州市城关区曹家巷1号新闻出版大厦

邮箱：dunhuangwenyi1958@163.com

0931-2131373（编辑部）

0931-8773112 0931-2131387（发行部）

三河市金兆印刷装订有限公司印刷

开本 880毫米×1230毫米 1/32 印张5 插页1 字数100千

2023年3月第1版 2023年3月第1次印刷

ISBN 978-7-5468-2245-7

定价：32.00元

如发现印装质量问题，影响阅读，请与印刷厂联系调换。

本书所有内容经作者同意授权，并许可使用。

未经同意，不得以任何形式复制转载。

婳婳和她的"三国"

我曾经很多次想，如果我能够出版一本书，一定要写一个自序，讲一讲我写书的故事。

但是我一直没有机会，毕竟一本书不是想写就能写的。

没想到，我的第一篇序，是写给我女儿婳婳要出版的图书。

雏凤清于老凤声。我很高兴，我也想讲讲她写书的故事。

这本书能写完，是我原本没有想到的。

一开始，婳婳和我都没有想过要写成一本书。或者说，没有想过写这么多内容。

2020 年 8 月，婳婳上完初一的暑假，语文老师布置了一项作业，好像是写名著读后感。

婳婳选的是《三国演义》。

我怀疑刚读完初一的她能不能读懂《三国演义》。我记得我是初三毕业后读了好多遍《三国演义》才搞清楚人物关系的。

但是婳婳用实际行动告诉我，我们古典文学的魅力，就在于不管年龄大小，只要有兴趣读下去，都能读出不一样的内容。

她并没有笼统地写《三国演义》的读后感，而是按照不同的人物进行分类、点评，并取名为《三国人物杂谈》。一开始，她只写了不多的几个人，包括曹操、孙权、刘备，以及贾诩和荀彧等。

写完后，她拿给我看。

当我读到开篇的"三国，仿佛是被火烧起来的"时，便大声称赞她确实把《三国演义》读进去了。

但是她并不接受我的表扬，她对我说："妈妈，你说错了！我并不只是参考了《三国演义》，《三国演义》的一些故事明显是演绎出来的，我更多参考的是《三国志》。"

我问她在哪读的《三国志》。

她说："我们学校的图书馆里就有！"

看到她写得这么认真，摊子铺得也很大，我就有了一个想法。

我对她说，既然标题取的是《三国人物杂谈》，而且暑假还很长，不如再多加一些人物，把主要的人物都点评一下，比如按照各自的定位进行分类，按照不同的人物设定写。

婳婳有点犹豫，毕竟人物太多了，就算只写知名人物，那也是十几个、几十个打不住的。

我鼓励她当成一个目标，努力去实现，暑假写不完也没关系，慢慢写，平时也可以写，到初二的暑假写完也很不错，初三没时间写就不写了。

婳婳确实非常喜欢三国里的一些人物，比如贾诩，就是她最喜欢的一个谋士。有一段时间，每天早上，我陪她上学的路上，她都会滔滔不绝地给我讲贾诩的故事，讲她是怎样喜欢贾诩。

三国最知名的谋士，大家都知道是诸葛亮，对于贾诩，我确实也知之甚少，估计很多人都和我一样。但是在婳婳坚持不懈的科普下，我也了解了贾诩不为人知的故事。

听我这样说，婳婳犹豫之后同意尝试一下。

2020 年 8 月中旬，婳婳和我们一起回老家，我俩认真商量了将《三国人物杂谈》分为六个部分，即王者、枭雄、英雄、谋士、武将和美人，每个部分选择有代表性的或者她喜欢的人物。

万事开头难，坚持则更难。

虽然婳婳很喜欢三国，但是坚持做一件事情还是太难，有好多次，她都想放弃算了。

比如，我让婳婳在作文纸上写。写着写着，婳婳觉得手疼，就想用电脑写，我拒绝了她，要求她坚持手写。婳婳反抗了好多次，每一次反抗无效之后就会哭一场，哭完后调整好情绪继续写。

初一下学期都是网课。初二开始，婳婳的学习状态不是很好，学习比较吃力，完成课后作业就很花时间。但是她又想认真写作，于是就很矛盾。写不完作业和写不好三国人物都令她焦虑，为这个也哭了很多次，说放弃算了，但是再一看已经写完的一沓稿纸，还是不想半途而废。

原本计划最迟在初二暑假时写完全稿，因为初三是真的不可能有时间写这些东西了。毕竟别的同学都在补课、学习、备考，我们虽然不补课，但是也不能把时间花在与考试无关的事情上。但是越写到后面，越不好写。

婳婳对我说，她原来写三国人物是因为兴趣，所以写得很快。

现在变成了任务，为了写一个人而写一个人，很痛苦。

还没有参加工作的婳婳，因为写三国人物，得出了一个很深刻的教训，那就是不要把兴趣变成工作，否则有可能会变得很痛苦，连兴趣都不想要了。

初三上半学期，写三国人物这个计划基本已经搁浅了。偶尔心有不甘，婳婳就会拿出来写几笔，我们已经为放弃此事做了充分的心理准备。

初三寒假，婳婳又时不时地把三国人物拿出来写写，我对她说："想写就写，不想写就算了！"婳婳说："不写完，感觉成本太大了！"

2022年春节期间，婳婳都在写三国人物。大年初四那天，婳婳坐在书桌前，盖上笔帽，对我说："妈妈，我写完了结尾。"

我拿过她的稿纸一看，果然写到了结尾，这句话是："他们是真正的赢家吗？不，他们只是幸存者。"这还是一年前我们一起讲三国的时候婳婳对我说的，她把这句话记下来了，而且真的把它作为自己点评三国人物的结尾。

我把她写完的纸稿从袋子里取出来，厚厚的一沓。因为写的时间太长，为了防止搞乱，每一页上面都做了编号，一共一百多页。我觉得自己像捧着一大笔财富。

我对婳婳说："祝贺你，终于写完了！后面你就再也不用为这件事情烦心了，好好投入中考备考中去。妈妈去找出版社，希望能够不辜负你这一年半付出的努力和流的眼泪。"

我也不知道哪些出版社能出版婳婳写的这本书，所以盲人瞎马一般找了几个出版社。

非常幸运的是，敦煌文艺出版社通过了立项。

胡适先生说功不唐捐。果然是这样的，婳婳认真写的文字可能稚嫩，但是真诚。

因为这本书是一个初中生的作品，读者应该也是同龄人，所以有插图会更好。我们也联系了画插画的人，但是插画风格，婳婳不喜欢，而紧张备考的婳婳也没有时间画。

中考完，有的孩子已经开始学习高中课程，婳婳则准备给自己的小书画插画。

要画什么样的形象？我和婳婳并没有什么想法，毕竟我和她都没有画插画的经验。

在我的办公室对着 iPad 三天之后，婳婳说："要么用动物的形象来展示三国人物，比如曹操，可以画成熊。"我一听，大呼巧妙，觉得确实很合适呢！于是婳婳开始给自己笔下的每一个人物设计动物形象。

一些形象鲜明的人物比较好画，比如常山赵子龙、凤雏庞统等等，这些都比较直观，可以用相应的动物来画，但是这本书，婳婳一共写了 48 个人物，每一个都要找到合适的动物，还真是不容易。

中考结束后的整个暑假，差不多到开学军训前一天，婳婳才画完了所有的人物形象，期间也沮丧过、恼怒过，但是这次，她没有哭着要放弃。

回顾婳婳写、画这本小书的两年，很多次要放弃，但是很多次都坚持下来了。

我曾经到婳婳的学校——北京市第五十五中学开家长会，看到她教室的墙上写着这样一句话："学习很苦，坚持很酷！"

我想，婳婳在学习之余能够坚持写完这本书，自己又画好了所有的插图，确实是一件很酷的事情。感谢北京市第五十五中学良好的学习环境和氛围，不唯成绩论，学习之余更着重培养同学们独立思考的能力。

有勇气出版这本书，要感谢婳婳的各位师长。有时候我把婳婳写的内容发到朋友圈，会得到他们真诚的赞美和鼓励。正是他们由衷的鼓励，让婳婳稚嫩的文字变得光芒四射起来。

这本书能够出版，更要感谢敦煌文艺出版社。婳婳说我有"妈妈滤镜"，她写成什么样我都觉得好。这样一个"素人"中学生的作品，敦煌文艺出版社能够出版，说明出版社也认可"妈妈滤镜"了。

现在写三国的图书如汗牛充栋，但是我相信，这本书和其他写三国的图书有很大的不同。

大多数喜欢三国的人都是男性，而这本书以一个初中女生的视角对三国人物进行解读，既有很强烈的个人色彩，也尽可能地还原了青少年所了解的历史，可以说是一本"少年眼中的三国"，而不是由大人写的给少年看的三国。

希望这本书能够让更多的中学生参与到对三国的研读和讨论中来。我相信，这本书一定可以让更多的少年读者喜欢上这些三国人物！

我一不小心写了这么多。婳婳说："妈妈，你写的序比我写的正文都长。"我想，这也是做妈妈的一个特点吧？唠唠叨叨，生怕哪点没有说到！

感谢每一个喜欢这本小书的朋友！

婳婳（吴至秾）妈妈
2022 年国庆节于北京

目 录

引子

英雄辈出

谋臣似雨

猛将如云

美人如玉

引　子

东汉末年分三国。

三国，是中国历史上一个最为传奇的时期。

这个时期，天下大乱，群雄并起，你方唱罢我登场，在历史的天空留下浓墨重彩的一笔。

这个时期，风起云涌，群星闪耀，一切权利与荣耀，都是各凭权谋手段和实力夺下来的。

三国，就是东汉的日落之时。

三国的天空，铺满了火一般的云霞。

三国，仿佛是被火烧起来的。

董卓的一把火，火烧洛阳，引出了三国乱世的局面。

曹操的一把火，火烧乌巢，奠定了他在北方的势力。

周瑜的一把火，火烧赤壁，促成了三国鼎立的格局。

陆逊的一把火，火烧连营，粉碎了季汉统一的梦想。

三国长达96年的混战（从公元184年黄巾军起义算起），造就了权谋老到、手段过人的乱世枭雄曹操，仁慈宽厚却略显伪善的刘备，以及城府极深而后来者居上的少年英雄孙权；还有在乱世中反复横跳以苟活于世，却满腹奇谋，堪称"三国第一谋士"的贾诩；少年得志、智慧过人的奇才周瑜；深通兵法、韬略过人但身体欠佳的"鬼才"郭嘉；身怀绝绝技而多智近妖的诸葛亮；还有骁勇善战却刚愎自用的关羽、勇猛过人却暴虐无道的张飞、智勇双全忠心护主的曹洪、文韬武略却英年早逝的吕蒙……

　　本书将结合《三国志》《三国演义》以及我自己的理解，讲述这些闪耀在历史星空的传奇人物。

谁是王者

最强王者——曹操

魏武帝曹操（公元155年—公元220年），一生雄才大略，所以用熊代表他。

评曰：汉末，天下大乱，雄豪并起，而袁绍虎视四州，强盛莫敌。太祖运筹演谋，鞭挞宇内，揽申、商之法术，该韩、白之奇策，官方授材，各因其器，矫情任算，不念旧恶，终能总御皇机，克成洪业者，惟其明略最优也。抑可谓非常之人，超世之杰矣。

《三国志》评价曹操的这段话很长，表达了什么意思呢？

就是说曹操不是一般的人，是超过当时很多人的杰出人物。

毫无疑问，这个评价是比较到位的。

要说三国时期的最强王者，在我心目中，无疑是曹操。

曹操，虽无皇帝之名，却有皇帝之实，谥号更称"魏武帝"。作为后世争议极大的"白脸奸雄"，曹操并非《三国演义》里所描写的那样，是一个猥琐且险恶的奸贼。

相反，真实的曹操，个性鲜明，文武双全，非常具有人格魅力。

相信很多人都读过曹操的诗，比如《龟虽寿》《观沧海》《短歌行》《步出夏门行》，这些都是中学生的必读篇目，文采斐然，气势宏大。

中国历史上有几对以文采著称的父子，曹操和他的儿子们就是其中非常突出的"父子档"，和"三苏"一样有自己的专属称呼，称作"三曹"，并且开创了建安文学，"三曹"就是"建安七子"的核心。

除了才华突出，曹操还非常喜欢兵法，曾经给《孙子兵法》作注，写成了《魏武注孙子》。后来，曹操也展现了非凡的军事才能。

早年的曹操是很有抱负的，他也曾是一个有赤子之心的热血青年。

这从几件事情可以看出来。

一件事情是杀蹇图。东汉时期有一个现象——外戚和宦官轮流把持朝政。蹇图就是当时煊赫一时的十常侍之一蹇硕的叔叔，属于可以在街上横着走路的那一号人。但是曹操在当洛阳北部尉的时候，蹇图违禁夜行，曹操毫不留情地用五色棒将其棒杀，将一干耀武扬威的权贵们吓得够呛，不敢再造次。当时，曹操还不足二十岁。

另一件事情也是关于宦官的。虽然曹操也很憎恶这些弄权误国的宦官，却不愿意滥杀。在袁绍尽数诛杀宦官的时候，曹操认为"既治其罪，当诛元恶，一狱吏足矣"，即只需要诛杀首恶十常侍就足够了。

在镇压黄巾军的过程中，曹操也表现出了悲悯、仁慈和宽容。和皇甫嵩、朱儁对黄巾军赶尽杀绝不一样，曹操在打的过程中，用计招降黄巾军。例如三十万青州兵归降曹操后，成为曹操"平天下"的重要力量，并且始终彼此信任。

在何进引狼入室，令董卓进京后，道貌岸然的"关东义军"都在明争暗斗以谋取个人利益，"汉室宗亲"刘备还在公孙瓒手底下默默无闻，唯有曹操带领着自己为数不多的士兵举起了"匡扶汉室"的大旗。

那么，曹操为什么会变成后世绝大部分人所认为的"奸诈的枭雄"？

很简单，救国的理想变成了统治的野心。

权力这杯酒，容易让每一个喝它的人沉醉。

曹操也不例外。

对于这个转变，荀彧无疑是最好的范例。

荀彧原是袁绍的谋士，后来投奔了曹操。

为什么？因为荀彧认为，曹操才是他心中真正能完成匡扶（汉室）大业的人。

可是荀彧为什么后来又自杀了呢？因为曹操送去的那个空食盒吗？其实不然。众所周知，荀彧是一个理想主义者。理想主义者最悲惨的死法是什么呢？就是理想破灭。可悲的是，荀彧正是死于理想破灭。

造成这一悲剧的，正是他景仰、信赖了一辈子的曹操。一心匡扶汉室的荀彧，自然不能接受曹操称"魏公"并独揽大权，于是他半生的努力便尽数化为乌有，他也彻底失去了曹操的信任。终于，建安十七年（公元 212 年），荀彧带着未完成也终究无法完成的抱负含恨而终。

人都是会变的。曹操也是人。

在经历了无数次背叛与被背叛、杀人与险些被杀之后，他从一心向汉、用人不疑，变成了梦中杀人、生性多疑。或者，一开始他就是这样的人，只不过还没有完全表现出来而已。

但英雄永远都是英雄。无论是像田丰一样宁折不弯，还是像贾诩一样能屈能伸，都是大丈夫。

曹操明显是后者。

浊酒一杯，聊敬英雄！

守成之主——孙权

吴大帝孙权（公元182年—公元252年），江东虎，所以用虎代表他。

评曰：孙权屈身忍辱，任才尚计，有勾践之奇，英人之杰矣。

孙权是谁？

孙权是三国王者之后来居上者！

他爹孙坚号称"江东之虎"，他哥孙策是"江东小霸王"，他是江东什么呢？

我说，他是江东之主。

然而，江东的基业大都不是孙权打下的。

但孙家一家都是少年英雄。

孙坚十七岁便成名，孙策十八岁就继承了家业，而孙权，也是在十八岁继承父兄基业，二十六岁便率军斩杀杀父仇人黄祖。

江东的基业是孙坚、孙策以及周瑜打下的，但是孙权有一个他们都没有的优点——沉稳。

"江东之虎"孙坚是一个较为冲动的人，轻敌冒进，在讨董时被刘表部下忽悠进山涧，以至于被石头和乱箭杀死。由此可见，他是一个自负的人，完全不考虑对方的"战败"是否存在阴谋。

当然，凭孙坚的战绩，完全有资格自负。从他只身上城墙便能看出他是一个想了就做、做完再想的人。

孙策在这方面更肖其父，而周瑜虽有深谋远虑，却只待时机八分熟便要实行计划。试想一下，若无那阵东风，又如何能火烧赤壁呢？而寒冬腊月，又怎能保证一定会有东风呢？

而孙权则与他们完全不一样，他需要等待时机完全成熟才会实施计划。用老百姓的话说就是"不见兔子不撒鹰"。

也正是这个优点，保证了东吴在群雄争霸、相互厮杀的时候，没有遭受过大败甚至致命打击。

孙权与其父兄不一样。

他善守，能够真正做到寸土不让。

而且他的思想也与群雄不一样。

就拿曹刘二人举例，他俩一个宦官后代，一个是出身寒门，掌权后的目的都是推翻士族阶层。

而孙权不同。

他积极与士族交好，任用士族贤士，以安抚交好的手段树立威信，以达到稳固统治的目的。

虽然老年的孙权也流于昏庸，但是早期的他却并不多疑。

俗话说："用人不疑，疑人不用。"

而纵观整个历史，又有几个人能真正做到呢？

但是，孙权做到了！

在用周瑜、鲁肃的时候也就罢了，就连用诸葛亮的哥哥诸葛瑾，他都能极其信任。

张昭怕诸葛瑾叛变，孙权只是笑着表示绝不可能。

想一想，荀彧一辈子为曹操出谋划策，说被逼死就被逼死了；赵云为刘备出生入死多少年，说不重用也就不重用了。

这"用人不疑"，是多么难能可贵的品质啊！

孙权知人善任，深谋远虑，智勇双全，前半生没有打过什么大败仗，反而取得了赤壁之战、夺取荆州之战和猇亭之战的胜利，大大扩大了父兄交给他的地盘。连曹操都发出感叹："生子当如孙仲谋。"

不过，曹操称赞孙仲谋，只是夸他固守父兄基业和治理江东的才能，并不是赞扬他的军事才能。

曹、刘都有彪炳史册的军功，而孙权是一个"官二代"，江东并不是他打下来的，只是他守得比较好。而且他前半生打的那些胜仗，直接指挥者也不是他，所以孙权也想证明自己的军事能力。

在赤壁之战稳定江东之后，孙权就希望占领合肥，将长江的防线移到淮水，从此江东就可以高枕无忧，于是他发动了一次又一次北伐。从公元208年到235年，孙权曾五次攻打合肥。

然而事与愿违，除了第一次攻打合肥差一点成功，其他四次都毫无建树。第二次打合肥，孙权还遇到了张辽，被"张八百"打得落花流水，差点丢了性命，落了一个"孙十万"的名号，从此患上了"恐张症"。

晚年的孙权不复少年和青年时期的意气风发和雄才大略，日渐昏聩、残暴，多疑善变，不仅逼死陆逊，残杀大臣，连自己的儿子都杀了。

二宫之争，太子孙和被废，鲁王孙霸被杀，同时被杀的还有一大批参与党争的大臣。最后，孙权立幼子孙亮为太子，间接导致了孙吴的衰颓，乃至覆灭。

孙权未到弱冠之年继承父兄基业，三分天下，在位 52 年，是历史上第一个以"大"为谥号的皇帝，确实是一个王者。

群星璀璨的三国，又有几个人配与孙权相提并论呢？

不过曹刘！

汉室正统——刘备

汉昭烈帝刘备（公元161年—公元223年6月10日），蜀中之王，所以用"食铁兽"大熊猫代表他。

评曰：先主之弘毅宽厚，知人待士，盖有高祖之风，英雄之器焉。

刘备给后世人留下最深刻的印象，除了《三国演义》里说他"双手过膝"之外，就是他的仁慈和宽厚了。

他给后人留下了两句名言，那就是他临终前对儿子刘禅说的两句话："勿以恶小而为之，勿以善小而不为。惟贤惟德，可以服人。"

这两句话真的是善良真诚的金玉良言，难怪能流传千年，人人传颂。我想，这就是人们都认为刘备宽仁的原因了。

他大抵是当得起"善人"这个美誉的。

虽然，在三国王者中，我只把刘备排在第三位，但这只是实力排名，凭心而论，刘备才是三国最厉害的王者。

为什么这么说？

虽然刘备声称是"中山靖王之后"、刘皇叔，实际上，这不过是名誉称呼，说到底，他只是一个卖草鞋的，和官宦世家曹操、四世三公袁绍、江东少主孙权没法相提并论，甚至比不过他家高祖刘邦，毕竟人家还是"基层公务员"，是国家的人。

然而，最后刘备和他们比肩站在了同一个历史舞台。

不得不说，刘备是真正的理想主义者。他有理想，并且为了这个理想不懈奋斗，直至实现理想。

正是因为刘备和同时期其他人相比，根基最为薄弱，所以他想要逆袭，想要实现理想，必须借助外力。

他能够借助的外力有哪些呢？

这就是刘备的厉害之处了！

刘备一无门阀背景，二无财阀支持，他的迅速崛起，靠的是两样。

其一，就是施行仁政，宽待百姓。

在乱世中，百姓不过是刍狗而已，是最微不足道的成分，是最无关紧要的人员，但是，正是这一粒粒"微尘"，构成了所有霸业的基石。

纵观三国混战史，刘备从无杀掠屠城的举动，并且在治理辖区时吏治清明、与利于民，深得老百姓的爱戴，于是就有了"携民渡江"的盛况。

其二，就是能屈能伸，韬光养晦。

刘备"织席贩履"出身，能够跻身于诸侯之间，没有一点气量是很难坚持下去的。

刘备的崛起有一个过程。他先后依附公孙瓒、陶谦、曹操、袁绍、刘表等多个诸侯，在蛰伏中积蓄力量，不动声色地扩充自己的实力，终于成就了一番霸业。

刘备是一代帝王，最是无情帝王家，所以帝王是不能讲感情的，只有权谋和机变。

于是，就有了"携民渡江"时信誓旦旦地说"夫济大事必以人为本，今人归吾，吾何忍弃去"，看情势不对后又"弃妻子，与诸葛亮、张飞、赵云等数十骑走"。

大义当前，保命最要紧。

其实，惜命乃人之常情，刘备最被人诟病的还是"取益州之不义"。一开始诸葛亮劝刘备取荆州，他说"吾不忍也"，但是到了益州却不这么说了，还不是因为益州是最好的立国基地，"高祖因之以成帝业"。

大利面前，义字放一边。

苏轼曾经写诗批评刘备取益州这件事，他说："先主反刘璋，兵意颇不义。孔明古豪杰，何乃为此事。"一口气把刘备、诸葛亮都批评了一遍。

然而，在当时之世，刘备的仁德之名天下皆知，连刺客都不忍杀他，无数英雄豪杰生死追随，可以说，刘备"仁、德"的"人设"是极其坚固的。

林肯说过，你可以一时欺骗所有人，也可以永远欺骗某些人，但不可能永远欺骗所有人。

换一句话说，你可以装一时好人，也可以假装对一部分人仁义，但是不可能对所有人装一辈子仁义。

一直到死前最后一刻，刘备谆谆教导刘禅的还是"德"，并且告诉他"卿父德薄，不足效也"，就算他的"仁德"是装出来的，能装一辈子，那也便是真的了。所谓"君子论迹不论心"是也。

只是我心里一直有个疑问：假如，我说的是假如，刘备打败了曹操、孙权，面对汉献帝，他又将如何自处呢？

乱世枭雄

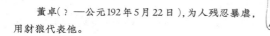

董卓进京——来者不善

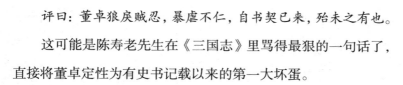

董卓（？—公元192年5月22日），为人残忍暴虐，用豺狼代表他。

评曰：董卓狼戾贼忍，暴虐不仁，自书契已来，殆未之有也。

这可能是陈寿老先生在《三国志》里骂得最狠的一句话了，直接将董卓定性为有史书记载以来的第一大坏蛋。

三国时期最著名的枭雄当属董卓。此人可谓家喻户晓、人尽皆知，知名度虽堪比关公，但是遗臭万年，连学前班的小孩儿都要啐上一口。

有句歇后语说得好："董卓进京——来者不善。"

这是为什么呢？因为董卓进京是三国乱世的开端。

中平六年（公元189年），董卓受召入京。

这引狼入室的诏令是谁下的呢？有人说是何进，又有人说是袁绍。

袁绍怎能想出如此"天才"的主意呢？因为他自负，自以为一切尽在掌握之中，以为历史走向会按照他的剧本来，以为凭一己之力就能挽回大局，缔造所谓的盛世。他自负到以为驯养了一条不足为奇的狗，殊不知这条狗已经变成了恶狼，正将血淋淋的獠牙对准了所谓的"主人"。

剧本易主，董卓掌权。

董卓掌权后的第一件事，便是废少帝，立陈留王刘协（也就是献帝）。为什么？因为刘协年幼，更好控制。也就是说，从公元 189 年到公元 192 年这几年，汉王室被董卓控制着，汉朝皇帝基本姓董。

这几年，董卓干的坏事，或者说不得人心、匪夷所思的事情实在是罄竹难书。有人给他总结了十大罪，比如残害皇室、祸乱宫闱、滥杀无辜、掠夺百姓、强行迁都、掘坟盗墓等。洛阳周边民不聊生，民怨滔天，老百姓恨不能将董卓啖肉饮血。

说到董卓，一定会想起另外两个人——吕布和貂蝉。但必须要说的是，貂蝉并不是现在很多人认为的，是一个大美人的名字，貂蝉本是一种头冠，叫貂蝉冠，而貂蝉则是管理这些头冠的女官，如李貂蝉、赵貂蝉等。而那位挑起董卓、吕布父子二人矛盾的貂蝉，则是《三国演义》中虚构的人物。

吕布也是大家极熟悉的人物，所谓"三姓家奴"是也，张飞最喜欢这样辱骂吕布。这个被当成笑柄的绰号是怎么来的呢？因为吕布一开始将丁原拜为义父，后来受李肃和董卓的挑唆，杀了丁原，投奔了董卓。更可笑的是，他又拜董卓为义父，算上他本家的吕姓，可不就是三姓吗？

接着，就要说说他们父子的"家庭纠纷"了。说到这个，就又要提到两个人了——李儒和王允。说到王允，大家想必不陌生，就是貂蝉的养父。但事实上，他的作用更大，是他亲自劝说父子二人反目的。至于李儒，大家就不太认识了。但请让我告诉你他的主张：提防吕布。回头看，非常正确对不对？但无奈啊，董卓阳寿已尽，就是不肯听他这位聪明女婿的话。

董卓被吕布杀后，三族被灭，据说其尸体也被丢到大街上。守尸吏见他身形肥胖，便把点燃的捻子插入他的肚脐，引出一根灯芯点着，《三国志》里说"光明达旦，如是积日"。

活着鱼肉百姓，死了熬油点灯，这也是董卓没有想到的吧。

袁绍——豪门庶子的格局

袁绍（？—公元 202 年 6 月 28 日），虽然是豪门望族，但是似乎是一个人在战斗，所以用孤狼代表他。

袁绍是真正的名门之后。

自从袁绍的高祖袁安当上司徒之后，连着四辈位列三公：袁安第三子袁敞官至司空，袁安次子袁京之子袁汤当上了太尉，而袁汤的儿子袁逢和袁隗在灵帝一朝地位显赫，袁逢为司空，袁隗为太傅。由此，袁氏一门"四世三公"，权倾天下。

袁逢就是袁绍的亲爹。

但后来袁绍被过继给了伯父袁成，所以名义上是袁成的嫡子。

然而，终袁绍一生，他是奴婢生的庶子这件事情，总是被人翻来覆去地说。不仅公孙瓒在讨袁檄文里把袁绍是婢女所生列为十大罪之一，连他同父异母的弟弟袁术也骂他是丫鬟养的奴才。

不过，这些都不能遮掩袁绍的风采。

《三国志》里说袁绍"有姿貌威容，能折节下士，士多附之，太祖少与交焉"。如果剧本没有被董卓换掉，说不定，袁绍就是袁家的第五世三公。

袁绍的名望越来越高，成为袁家标杆式的人物，想见他的人排成队，非海内知名不得相见。袁绍成为新一代士族的领袖。

士族领袖袁绍也不负众望，步步为营，设计何进诛杀宦官，差一点登上权力的最高峰。

袁绍率军尽诛宦官之后，与董卓政见不合。袁绍逃出洛阳之后，又被董卓任命为渤海太守。袁绍组织了关东义军讨伐董卓，他本人则被推举为盟主。但这支义军内部可不太平，今天袁绍与韩馥积怨，明天袁绍又和公孙瓒反目，后天曹操又拐跑了荀彧，自己单干去了。

关东义军就此解散。

袁绍最被世人所知的事件，无疑是官渡之战。

官渡之战，学过历史的人应该都知道。

这一战，曹操以少胜多打败了袁绍。但事情真有这么简单吗？

想必很多人都认为许攸或者张郃才是这场战事主导者，其实不然，真正的主导者是郭图。郭图这个名字应该没几个人熟悉，他是袁绍的谋士之一，我给他做了一个评价：三国时期最"坑"的谋士，没有之一！

要知道，许攸的计策是烧乌巢、烧粮仓。而郭图的对策是什么？用少量兵马救乌巢，大部队去攻士气正盛的曹营！后果可想而知，失了乌巢，损兵折将，士气锐减。这个责任追究下来，那是要杀头的。郭图当然背不起这个"锅"，但"锅"在那里，总得有人去背，于是郭图把责任推给了主要执行者张郃，逼得张郃叛逃袁绍。这"锅"张郃哪背得起，逼不得已，只得连夜率军叛逃曹操去也。

战事的结果大家都知道，袁绍惨败，一蹶不振，而曹操就此奠定了自己在北方的势力。

后人多用官渡之战来嘲讽袁绍的无能。

但是，袁绍真的那么无能吗？其实真的不然。

袁氏灭门，袁绍却能够不费一兵一卒赚得冀州，又打败了公孙瓒稳固霸权。从逃出洛阳到雄踞幽燕青冀四州，不得不说，袁绍确实是非常厉害的。

不仅如此，袁绍还非常得人心，他死后，河北的老百姓都非常伤心。《献帝春秋》里说："绍为人政宽，百姓德之。河北士女莫不伤怨，市巷挥泪，如或丧亲。"在《三国志·郭嘉传》里，郭嘉对袁绍也有这样的评价："袁绍有恩于民夷。"

对于袁绍，真是不知道说什么好，说他有智谋吧，却屡出昏招；说他愚蠢吧，却也不尽然，不过就是一个没有笑到最后的游戏玩家。

假如袁绍活得更久一些，或许历史的走向又会不太一样。

白马将军——公孙瓒

公孙瓒（？—公元 199 年），人称白马将军，所以用白马代表他。

公孙瓒这个名字，很多人都不陌生，毕竟他也算是北方极具影响力的军阀之一。

在袁绍篇讲过，公孙瓒骂袁绍是奴婢之子，但是公孙瓒的母亲出身也并不高贵。

除了出身，他和袁绍还有一个共同点，那就是长得帅，不仅帅，说话的声音还好听，《三国志》里说他"有姿仪，大音声"。

"颜控"可不是今天才有的！

太守看到公孙瓒一表人才、能说会道，觉得是个人才，就把女儿嫁给了他，还送他去大儒卢植门下读书。就是在这里，他结识了刘备。

从公孙瓒的发迹史中不难看出，他是有贵人帮助的，一个普通男人晋升的三个条件：好老婆、好老师、好老板，他都集齐了。

公孙瓒最大的贵人还是他自己。年轻时的公孙瓒，不仅"武力值"高，还勇猛、讲义气，很难不脱颖而出。

但是，猛人公孙瓒实在不是一个真正的英雄，他义而不仁，勇而无谋。这一点从公刘分歧和公袁相争就能看出来。

同在卢植门下读过书，公孙瓒和刘备的情谊不可谓不深厚，但是刘备最后还是弃公孙瓒而去，无非是理念不相同。

刘备一直奉行仁义，礼贤下士，而公孙瓒好战暴虐，嫉贤妒能，两人虽然师出同门，但是完全不是一个路数，可见真的是师傅引进门，修行在个人。

公孙瓒穷兵黩武，"不恤百姓，记过忘善，睚眦必报"，并且排挤士族，《三国志》说他"衣冠子弟有材秀者，必抑使困在穷苦之地"，所以公孙瓒既得不到百姓拥戴，又没有人才可用，导致赵云离开他投奔刘备。

而公袁相争更是让公孙瓒自掘坟墓。公孙瓒本来就看不惯袁绍，在袁绍被推举为义军盟主后，这种不满便更进一层。而在袁绍忽悠他联手攻打韩馥，说得到冀州后一分为二，结果却被袁绍独吞冀州，这种不满便达到了顶点。

但他此时却还不想置袁绍于死地。

他需要一个理由。

上天似乎要成全他。他的弟弟公孙越在与袁绍的战斗中死去了，他立刻表示，袁绍害死了他的弟弟，他要为弟弟报仇。他们兄弟的感情真的这么好吗？没有。公孙瓒也绝不是那种会为一个人而大动干戈的人，公孙越的死不过只是为他攻打袁绍提供了一个理由而已。

那么进攻的结果如何呢？

一开始，公孙瓒的"武力值"远高于袁绍，袁绍采用各种手段取悦公孙瓒，但是公孙瓒不为所动，还不断修缮守备。

界桥之战，袁绍阻挡了公孙瓒前进的脚步，白马义从全军覆没。此后，公孙瓒的幽州被袁绍蚕食。而公孙瓒呢？只能拼命修城墙，以求抵挡袁绍。

在这个过程中，公孙瓒又表现出匪夷所思的"脑回路"，在前方有将士出现危机亟待救援时，公孙瓒以"救一人，其他人便不会奋力作战"的荒唐理由见死不救，以至于众叛亲离，最终被袁绍包围于易京。

建安四年（公元 199 年），公孙瓒于易京楼杀死妻儿，自焚而死。

英雄辈出

江东小霸王——孙策

孙策（公元175年—公元200年5月5日），江东小霸王，用虎代表他。

评曰：策英气杰济，猛锐冠世，览奇取异，志陵中夏。

孙策孙伯符，孙权的哥哥，人称"江东小霸王"的少年英雄。孙氏能割据江东，就是孙策奠定的基础。

甚至有人说，孙策不死，便无三国。

什么意思？意思是孙策要是不死，天下都有可能是孙家的，没曹刘什么事！

《三国志》里说："策为人，美姿颜，好笑语，性阔达听受，善于用人。是以士民见者，莫不尽心，乐为致死。"策时年少，虽有位号，而士民皆呼为孙郎。百姓闻孙郎至，皆失魂魄。

可见孙策和孙权虽为兄弟，却是完全不同的两个人。孙权沉着冷静，是一个天生的政治家，而孙策则不一样。

孙策十八岁便继承家业，同时继承的还有孙坚的能力。

孙策是一个与其父很像的人，换句话说就是孙坚的"2.0版本"。

孙坚死后，孙策为报父仇，也为了积攒势力而投奔了袁术，并将孙坚拾到的传国玉玺献给了袁术。

很奇怪吧，当时英雄豪杰那么多，孙策为什么偏偏选择了袁术呢？

这是有原因的。孙坚是袁术的旧部，但孙策似乎忘了袁术对孙坚有多不公平，拒绝救援、恶意断粮，这种事情层出不穷。当孙策也遭遇了几次这样不公平的待遇后，便想脱离愚蠢的袁术，向袁术表示愿意去江东。

而得到玉玺的袁术野心膨胀，妄想称帝。建安二年（公元197年），袁术僭越称帝，立国号为仲。孙策给袁术写信，劝其不可，袁术不听，于是孙策与袁术绝交。

要知道，在乱世中称王，那是最愚蠢不过的事，群雄可都虎视眈眈地盯着呢，你袁术要称帝，袁绍、曹操第一个不答应。但袁术的脑袋已经发热了，不去想这个理！既然有了玉玺，就得过一过皇帝的瘾，执意要称帝，于是，所有势力的矛头一下子都对准了他。建安四年（公元199年），"喜（玺）之郎"袁术吐血身亡。

孙策和太史慈的故事也有必要一谈。

孙策二十几岁，年轻气盛，太史慈也年轻，此二人交战可是有趣。《三国演义》中写道，交战时，太史慈夺下孙策的头盔，高举着喊道："孙策头已在此！"而孙策也举着太史慈的短戟喊道："太史慈若不是走得快，已被刺死了！"哈，这么一看，真是两个幼稚的人啊。之后，太史慈中了周瑜的埋伏，带兵降了孙策。

　　"江东小霸王"孙策与其友周瑜是真正的英雄，是强者中的强者。很多有能力的人脾气都很差，而他们则不同。周瑜不用我说，是多么温柔儒雅的人，难得的是孙策也十分和善，平易近人。

　　少年英雄，"江东小霸王"是也。

谈笑间，樯橹灰飞烟灭——周瑜

周瑜（公元 175 年—公元 210 年），羽扇纶巾，容貌俊美，用孔雀代表他。

三国第二个英雄，毫无疑问，是周瑜。

孙郎和周郎都是少年得志的英才，但是，周瑜比孙策更厉害。

周瑜出身望族，和孙策关系极好，少年英雄惺惺相惜。袁术曾经想招用周瑜做将领，但周瑜觉得袁术成不了气候，托辞回到江东投奔孙策。可见周瑜看人是很准的。

周瑜看袁术准，看曹操也很准。那句著名的"名为汉相，实为汉贼"的评语，就是周瑜的原创，所以周瑜是坚定的"抗曹派"。

不仅如此，周瑜还精通音律，语云"曲有误，周郎顾"，这是人尽皆知的。

但难免有人受罗贯中《三国演义》的影响，以为周瑜气量狭小。其实不然。试想，周瑜是君子，是大丈夫，怎么会被这种小伎俩气死？而诸葛亮怎么说也是个君子，又怎会故意说那种话气自己昔日的战友呢?

事实上,周瑜不仅懂韬略,读兵法,更会带兵,官拜大都督,赤壁之战也靠了他的智慧谋,而且并没有什么周瑜打黄盖。想一想,黄盖的年龄都那么大了,那把老骨头怎么挨得了那顿板子呢?但那篇诈降书写得极有水准,大意如下:我(黄盖)虽受孙氏大恩,却连乡野匹夫都知道天下大势当归中原(曹操),所以我要弃暗投明。这一番话吹得曹操身心舒畅,所以曹操虽有些怀疑,却也欣然接受。对于这个问题,我不知道该怎么说,很明显,这不符合曹操多疑的"人设",就好像一个幼稚的小孩,给了点甜头就找不着北。

后续就不用我说了,曹操败走华容道,周瑜火烧赤壁,奠定了三国局面。

但不得不提的是,根据《三国志》,在华容道上,曹操从来没有碰到过关羽。

周瑜文韬武略,雄姿英发,羽扇纶巾,谈笑间,樯橹灰飞烟灭,可称得上是真正的大英雄、大丈夫。《三国演义》中最能体现他智谋的是那出并不著名的《蒋干盗书》。在这一段中,周瑜体现出了惊人的智慧与演技。想一想,此事关乎赤壁之战的成败,任谁都会紧张,而周瑜却气定神闲、镇定自若,假装醒来之前还要装腔作势地叫几声蒋干,以达到谈"机密"前的戏剧性效果,令蒋干深信不疑。

其实,历史上并没有"蒋干盗书"这回事。

《三国志·吴志·周瑜传》裴松之注引《江表传》里确实记载了蒋干作为曹操的说客去见周瑜一事，但是蒋干回去跟曹操复命的时候说周瑜"雅量高致，非言辞所间"。可见周瑜是一个胸怀宽广豁达之人。

有一些流传甚广的故事，比如"三气周瑜""赔了夫人又折兵"，其实都是对周瑜的一种误解。包括说周瑜死前不平"既生瑜何生亮"，都是世人的"脑补"而已。周瑜并不是被诸葛亮气死的，而是病死在伐蜀的路上，这一点，《三国志》中也明确说了。

周郎，既有翩翩君子的风流儒雅，又有英武将军的雄才大略，王佐之姿，可称真英雄也。

鹰视狼顾——司马懿

　　司马懿（公元179年—公元251年9月7日），鹰视狼顾，猫头鹰的头能转180度，因此用猫头鹰代表他。

　　这一个英雄，可就有些争议了，那就是人称"司马老贼"的司马懿。

　　司马懿是一个极其多疑的人，史书上说，他有"狼顾之相"。什么叫"狼顾之相"？顾名思义，是狼行走时左顾右盼的姿态。用此话形容司马懿，足见他的多疑和谨慎委实异于常人。

　　司马懿最为人所熟知的，便是他和诸葛亮的斗智斗勇。三国时期的名臣智士如郭嘉、周瑜之流，大都出现在汉末乱世，而真正建国之后，人才却少之又少，摆得上台面的只有四人：贾诩、司马懿、诸葛亮、陆逊。贾诩年高已逝，排除；陆逊所在的东吴选择偏安，排除。所以真正还在活动的智士，不过司马懿和诸葛亮两个人而已。

　　诸葛亮暂且不提，主要来说说司司马懿。司马懿这么厉害，除了众所周知的智谋外，还有两个更强的特点：长寿和强大的隐忍能力。长寿这一点，为他和司马氏攒够了势力，也为司马氏篡魏打下了基础。隐忍这一点就更出众了。想当年，诸葛亮为了使激将法逼司马懿出战，可真是煞费苦心，甚至连送妇人衣物这招都用上了，可善于隐忍的司马懿却只是笑一笑，置之不理。

这是一个比曹操还要可怕的人。

司马懿最为人耳熟能详的，就是他装病拒曹。因为司马懿有"鹰视狼顾之相"，所以曹操对他甚为怀疑。司马懿只好装病，可曹操还是信不过他，便派人秘密探病，只见司马懿直僵僵地躺在床上。那人依旧不信，竟挥刀砍向床上的司马懿，但司马懿却没有任何动作，只是睁大眼睛看着他，那人这才信，收刀回去禀报了曹操。

司马懿和诸葛亮不一样，诸葛亮做事精益求精，无论大小事，全部自己做，所以总是过度劳心伤神。而司马懿则不同，他只选择重要的事自己做，其他事则托付给下面的人，有取舍，所以才可以留有余地。

司马懿似乎是装病装上瘾了，第一次企图骗过曹操未能成功，第二次就是装病赚曹爽。

曹爽和司马懿一起辅佐曹芳。由于曹爽是宗室，想独揽大权，于是便处处挤兑司马懿，司马懿便再次装病。这次装病，可就大不相同了。他已经是久经沙场的"老戏骨"了，还怕瞒不过一个曹爽？

于是，李胜来的时候，就看到了这样一幅场景："重病缠身"的司马懿病歪歪地倚在床上，喝汤时，汤从嘴角流出来，耳聋气喘，嘴里还念叨着诸如"人老了，死在旦夕"之类的话，看得李胜热泪盈眶，握紧他的手安慰。

司马懿想必心里在冷笑吧。

终于，司马懿一直等待的时机到来了——曹爽陪曹芳出城祭祖扫墓。这时的司马懿哪还有半分病人的样子，一听这个消息，"咻"地从床上跳起来，飞也似地冲进皇宫面见太后，上书废掉曹爽。

说实在的，当时官居大将军、统领兵权的曹爽完全有能力剿灭司马懿，可是曹爽生性懦弱，又信了司马懿的鬼话，结果被灭三族。其实我个人认为，司马懿是那种有决断斩草除根的人，之所以只诛曹爽三族，只不过是因为他是宗室而已，毕竟再怎么嚣张，也不能把手伸到皇帝头上啊。

哈，真是人生如戏，全靠演技。

讽刺的是，司马懿的亲弟弟、"司马八达"中的叔达司马孚，自始至终都对司马懿父子辛苦打下基业的晋朝不以为然，到死都以"魏臣"自居，还真是有当年汉臣荀文若的风范，真不知道他的"大魏忠臣"哥哥在天有灵会作何感想？

隐忍无疑是制胜的法宝，有古语云："不飞则已，一飞冲天；不鸣则已，一鸣惊人。"韩信忍胯下之辱，最终成就了一番功业；司马懿能忍，为西晋篡魏打下了基础。但司马懿更厉害的是寿命长，时间无疑是成就一切的关键，历经三朝而不倒的司马懿，无疑是最好的证明。

司马懿的一生充满了戏剧性：与诸葛亮斗智斗勇，以隐忍爬上高位，用实力成就霸业。毫无疑问，这也是一种英雄。

而他这跌宕生平，一言以蔽之，也不过"一世魏臣人《晋书》"耳。

可歌，可叹。

谋臣似雨

贾诩

贾诩（公元147年—公元223年8月11日），三国最有谋略之人，是一个老狐狸，因此用狐狸代表他。

说到谋士，我心目中的 No.1 一定非贾诩莫属。有人说"十个诸葛亮抵不过一个郭嘉"，这句话我百分之百赞成。不过在我心目中，这句话还应该有下半句"十个郭嘉抵不过一个贾诩"。可能很多人都不赞成我的看法，那么著名的郭嘉，怎么会是一个籍籍无名的贾诩能比的呢？别急，你知道这三国乱世，本质上是谁缔造的吗？

不是董卓，是贾诩。

且听我细细道来。

董卓进京，无疑是乱世的开端。他进京时招募了一群谋士，其中不乏李儒之流，而贾诩也是其中一员。吕布杀死董卓后，才是天下大乱的真正起点。难道董卓死后，事态有可能平息吗？

有的。

董卓旧部李傕、郭汜选择了以失败者的姿态逃出长安，有个人拦住了他们，说道："将军们，就这么逃出去，无非是死路一条。逃出去是死，打回去也是死，将军们何不趁王允立足未稳，打回长安呢？"这两个人一听，脑子里一琢磨，欸，有道理啊！二话不说便打回长安，杀了王允。

说这话的人正是贾诩。

贾诩劝这俩人占了长安，却不要任何赏赐，他说："不过是为了活命而已，哪有什么功劳？"可谁知道，这俩人一回长安就劫持了小皇帝，又一次令长安生灵涂炭，还搞内部斗争，你争我夺的。看到这一幕，贾诩就愧疚了，救谁不好，救了这么俩野兽，所以在这段时间，他倒是尽己所能，做了许多利民的事。

后来，贾诩投了张绣门下。张绣对他极为器重，以子孙礼相待，大事小事都征求他的意见，先生长，先生短的。

在张绣手下，贾诩倒也充分发挥了聪明才智，劝张绣屯兵宛城，联合刘表。在曹操好色坏事后，他也能率远不如曹操的兵力将曹军打得落花流水，甚至让曹操折了一员大将和一个最疼爱的儿子。这种随机应变和对形势的判断力，在当时无疑是绝无仅有的。

而贾诩投靠了曹操后，更是发挥了极致的谋略。他仔细判断形势后，选择了并不被人认可的曹丕为曹操的继承人。要知道，当时的曹丕不仅不受父亲宠爱，在群臣中也得不到认可与支持，而贾诩却在曹丕和他优秀的弟弟中选择了他，此后更是起到中流砥柱的作用力挽狂澜，用一句话把曹丕扶上了王储的宝座。

贾诩是如何做到的呢？实际上，如此强大的逆转，他只用了一句话：

　　"思袁本初、刘景升父子也。"

　　曹操抉择不定的时候，选择去问他。身为一个"曹丕党"成员，同时也是堪称三国第一"毒士"的谋士，贾诩凡事深思熟虑，当然不可能明说，所以便说出了上面一番看似风平浪静的话，而实际上，平静的外表下隐藏着惊涛骇浪。

　　刘景升是谁？刘表也。袁本初是谁？袁绍也。为什么要提到他们俩？很简单，贾诩是"曹丕党"，主张立曹丕为世子。无疑，刘表和袁绍都是失败者。为什么失败？废长立幼。虽说二者没有什么本质联系，但是真的直击曹操内心，这一刻，他果断决定立曹丕为世子。刘琮（刘表之子）将城池拱手让人且不谈，袁家兄弟的内部斗争也能让老爹袁绍掀了棺材板。而且他们都是曹操的手下败将。如此血淋淋的例子摆在眼前，曹操光是想想就能打个寒战。想必为了国家长治久安，他也永远不会再动立曹植的念头了。

　　贾诩是三国中一个很小的人物，不及荀彧高尚，不及诸葛亮忠正，没有什么"忠诚"之类的美名，反而人称"毒士"。但他的道，他的信念，只不过是为了活下去。即使损人利己，即使反复横跳，也只是为了"活下去"这个简单而纯粹的目的。更何况在得势后，他也做了许多为国为民的好事，拯救了乱世中的许多人。

毫无疑问，贾诩是真的大丈夫！"得志，与民由之；不得志，独行其道。"这正是他的思想准则。独善其身也好，兼济天下也好，都是他。他不是文若、孔明一般以天下为己任的圣贤，他只是一个人，一个活生生的人，一个没有被泼上"圣贤"的油彩，没有被道德所桎梏的人。

他是一个真正的现实主义者，看透世事黑暗、百态炎凉，摒弃了无用的理想主义。

但即便如此，他心中那盏长明之灯也从未熄灭。

郭嘉

郭嘉（公元 170 年—公元 207 年），贾诩是老狐狸，郭嘉就是小狐狸了，可惜天不假年。

既然说了我最爱的谋士，就该讲讲郭嘉。

郭嘉可比贾诩出名多了，处世高调张扬，一生都活得那么恣意快活，和贾诩恰好相反。一个低调沉稳而长寿，另一个高调张扬却短命，贾诩若是一头鲸鱼，郭嘉就是一只海豚。

郭嘉的智谋与贾诩不相上下，两个人在历史中都起到了决定性作用，但由于郭嘉寿命较短，因此我把他排在了第二位。

贾诩人到中年才发迹，郭嘉则不同，是真正的少年英才，二十岁隐居，实则结识各方豪杰，为自己打下基础。

在这里不得不先提到一个人——戏志才。戏志才是一个小人物，一个绝大部分人从来都没听说过的小人物。事实上，他也不是一个重要的人，但如果他不死，也就没有后来郭嘉的"戏份"了。

在历史上并没有戏志才过多的记载，只是说荀彧向曹操推荐了他。曹操非常喜爱他的才学，但他死得早，于是曹操向荀或提出了无理要求："再给我推荐一个像戏志才一样聪明的！"要知道曹操如此器重戏志才，可见他的才学非同一般，且智慧过人，如此聪敏之人要找第二个，那可真是为难荀彧了。可荀彧真的举荐了一个人，这个人就是郭嘉。

郭嘉的能量，我们是有目共睹的。

郭嘉出山后，先是投靠了袁绍，成为他麾下的谋士。他说了一句著名的话，证明了他在初出茅庐之时便已有了不同寻常的洞察力和判断力。这句话的大意是这样的："贤臣应正确选择主人……"于是他又离开了袁绍。后来，他被老朋友、邻家大哥哥、"专业人事部长"荀彧举荐到了曹操那里，两个人会谈了一次，郭嘉的"终身大事"便定了下来。这次会谈之后，曹操高兴地说："这才是我真正要找的贤人啊！"郭嘉也屡次称赞曹操："这才是我的主人啊！"

从后来的史料表明，郭嘉是很会识人的。

他第二次大放异彩，是在官渡之战时。

官渡之战前，曹操在兵力等各方面都远不如袁绍，连"资深曹吹"程昱都不赞成打这一仗，但郭嘉却信心十足地举出了十条有力证据："绍有十败，公有十胜。"说得比曹操还自信，不仅鼓舞了士气，更为曹操提供了作战方针。

郭嘉攻打吕布的手段，则更是奇。曹军攻下邳时，由于粮食不足，天气寒冷，士气异常低落，甚至连曹操本人都准备撤军。但郭嘉敏锐地觉察到吕布的退缩，力主强攻，并和荀攸共同策划了水淹下邳。这里先一笔带过，我会在讲荀攸时细说此事。

郭嘉对人性的把握是他最为出彩和异于常人的地方。固然，在识人方面，他不如荀彧，但他却能看透表象，直指人心，这是荀彧所不及的。不过空口无凭是不行的，所以我们来看几个例子。

曹操在进攻袁绍前再三犹豫，为什么呢？一是因为不自信，二是最重要的，因为他腹背受敌。"江东小霸王"孙策此时正摩拳擦掌，虎视眈眈，准备在曹操离开后进攻他的许都。这让曹操忧虑不已，但郭嘉却毫不在意，大手一挥，表示曹公根本不用担心那个毛头小子。曹操一听，奇了怪了，孙策虽年轻，却是一代奇才，几乎从未打过败仗，年纪轻轻便坐镇江东，不可不防。

郭嘉一听却哈哈大笑起来，说曹公的担心是完全没有必要的，孙策虽英武过人，而且很得民心，却举动轻率而没有防备，因此他一定会死在小人物手中！果不其然，就在郭嘉说完这番话没多久，江东就传来了孙策被许贡的门客刺杀的消息。可见郭嘉看人也是精准的。

贾诩和郭嘉的才智不相上下。诚然，相比这个"小朋友"，"贾老大"无疑更胜一筹，他可以说是三国历史上唯一一个自由的人。一切尽在掌握，可称游刃有余。但如果说贾诩是剧本的编写者，那郭嘉便是剧本的持有者，两个人都是不可多得的奇才。贾诩是中年得志，而郭嘉则是少年便已成名，无疑更有潜力，但终究是天妒英才，只余酒樽碰撞时爽朗的笑声和他主公痛哭失声的"哀哉奉孝"罢了。人活一世，要么不温不火很长时间，要么在极短的时间内迸发出极璀璨的光芒。

　　奉孝此生，足矣！

荀彧

荀彧（公元 163 年—公元 212 年），为人伟美有仪容，好熏香，人称留香荀令，用优雅的鹿代表他。

把荀彧安排在第三位，没什么原因，敬畏而已。

曹操的五位著名谋士，想必大家都知道，就是荀彧、郭嘉、荀攸、贾诩、程昱。

但他们的立场却各不相同。

郭嘉和程昱，你要说他们忠魏是没有问题的，但从史料上分析，他们两个更像是忠于曹操。不说郭嘉和曹操的关系，单是程昱视曹操为太阳并因为曹操而改了名便可看出这一点。此二人也是曹操最为信任的人。

然后便是荀攸。无需多言，他绝对是忠魏的。

下一个是贾诩。他不忠于任何人，可以说，他只忠于自己。

最后便是荀彧了。荀彧与他们都不同，他忠于汉室，是真正的汉朝忠臣，至死都试图匡扶汉室，试图将曹操这匹早已脱缰的野马拉回正轨，哪怕以生命为代价也在所不辞。

这一点，从荀彧给曹操定的"深根固本以制天下""迎奉天子"的战略就可以看出，他希望借助曹操的力量兴复汉室。

荀彧，论智谋不如贾诩、郭嘉，论果敢不如荀攸、程昱，但他位列"五谋"之首，也是曹操最为重要的谋士，为什么呢？

因为他会识人。

打个比方，曹操的第一个支持者是陈宫，得到陈宫就像拔萝卜，一个萝卜一个坑，而得到荀彧就不一样了，那是挖地瓜，一挖一路。

一旦得到了荀彧，就等于得到了半个国家的能人智士，不说"五谋"中有三位都是他举荐的，就连后来起关键性作用的钟繇、毛玠等人都是他推荐的。

可以说，没有荀彧就没有后来的魏公曹操，没有后来的魏国、魏晋风骨。

但荀彧最不愿看到的便是曹操封魏公。

有人说荀彧虽有识人之明，这辈子却看错一人——曹操。

我不赞成这种说法。

荀彧没有看错人。

他看到的曹操是什么样子的？是那个一心为汉的热血青年，是那个分散家财，哪怕只有极少兵力也敢高举义旗反抗董卓的有志之士，是那个愿意宽恕和接纳自己敌人的中年人。我们眼中的曹操是谁？是那个胸有大志却不拘小节，从小便被称为"阿瞒"的枭雄。

荀彧错了吗？

没有。

我们错了吗？

也没有。

我们看到了一个人。

曹操是人。

正因为他是人，所以才会发生如此大的转变。而荀彧不愿，或是不能接受这种转变。这不能怪他，是曹操让他看到了光。而试问当时的天下，又有谁能让他信赖和支持呢？

只有曹操。

但我说过荀彧是一个理想主义者，他虽然看出了曹操的转变，却不愿摒弃自己的理想，坚信可以凭一己之力将曹操这辆失控的马车拉回他理想中的轨道。

他做到了吗？

当然没有。

可能做到吗？

当然不可能。

那些支持曹操的现实主义者如董昭、陈群，他们不曾期望匡扶汉室吗？当然想，这是读书人的理想、信念和抱负，但他们看清了事实，也最终屈服于现实。

而荀彧没有看到这显而易见的现实，或者说他不愿看到，强迫自己忽视它们。

我们能说他不识时务吗？并不能。他只是忠于自己的理想，在自己认为正确的道路上一往无前。

他是一个真正的勇敢者。

但反观董昭等人，却不能说他们懦弱，他们和荀彧是截然不同的两类人。

他们都不过是遵从自己的理想和信仰罢了。

理想并没有优劣之分。

荀彧愿失去一切来完成自己的理想，但他没有看到、想到，纵使抛弃一切，他也无法完成这个理想。他定是不甘的吧。

但唯一值得欣慰的是，他那一意孤行的主公最终勒住了缰绳，到死都没有真正称帝。想必，他也是在惦念着那位忠心耿耿的谋士吧？

只可惜荀令君再无法用他那双忧郁的眼睛看到这一幕。

试问荀彧此生，有失望吗？

有！

有不甘吗？

有！

有悲痛吗？

也有！

那么，有悔恨吗？

不，没有。

荀文若，此生无悔。

荀攸

荀攸（公元 157 年—公元 214 年），荀彧是鹿，荀攸也是鹿了。

　　荀攸荀公达，荀彧的侄子，被荀彧举荐给了曹操，成为曹操的重要谋士之一。

　　荀攸这个人，比他叔叔大几岁，两个人从小一起长大，却是完全不同的两类人。

　　用曹操的话来说就是："公达外愚内智，外怯内勇，外弱内强。"

　　怎么说呢？就是说，荀攸这个人外表看上去愣得慌，是一个弱不禁风的书呆子，实际上却智谋和胆略都异于常人。

　　这样的人才，被荀彧"拐"到曹操那里之后，更是备受器重，成为曹操的左膀右臂。

　　荀攸这个人的观念与大多数人都不一样。

　　譬如说，荀彧认为一个好的谋士应该不计代价地将主公拉回正轨。贾诩认为（绝大多数人也这样认为），一个人最重要的是在乱世中活下去。

但荀攸却认为，一个好的谋士应尽己所能、不计代价地帮主公完成他想做的事，但好事坏事与自己无关，自己的职责只是完成它，仅此而已。

相传荀攸一生共给曹操出了 12 条妙计，全部记录在钟繇的书中，可惜钟繇是一个严重拖延症患者，严重到上战场都会迟到，所以一直到死也没能记完，真是一个遗憾。

不过荀攸的奇谋也有流传下来的，不然也不会如此为人所熟知。

他最棒的一计，我认为是水淹下邳。

那时正值严冬，吕布军龟缩邳城内，这边曹军又粮食紧缺。曹操耐不住了，急着要退军，荀攸一看，这哪成啊？仗都快打完了，哪能临阵退兵！吕布已经被逼上了绝路，只需多待些时日便可将他们一网打尽。

荀攸和郭嘉对了一下眼神，看来，是时候使出那个杀手锏了！

荀攸便将那计详详细细地说与曹公，曹操一听，还有这等好事？忙不迭地派人去搞水利工程。这一计不用说大家也知道，便是水淹下邳。

话说下邳此地，有两条母亲河——沂水和泗水。

下邳人世世代代以河为生，而曹操正是挖通了这两条河，用汹涌的河水淹没了下邳城。

不得不说这是一条妙计，当然，也是一条毒计。

话说袁绍手下有两员大将——颜良和文丑，都是被手无缚鸡之力的荀攸设计斩杀的。

说来也巧，此二人都是于白马县被斩杀，死于同年同月，只是斩杀他们的人是谁却不得而知了，也许，真是关羽吧？

荀攸与他叔叔出于同门，共事一主，最终却同道殊途，真是世事无常啊！

程昱

　　程昱（公元 141 年—公元 220 年），猞猁自带三撮毛，就好像程昱的胡子一样。

　　"五谋"已经说完了四个，最后一个便是我们的程昱先生。

　　程老大爷华丽登场啦！

　　叫他"老大爷"并不是没有理由的。程昱是曹操的谋士中年龄最大的一位（虽然贾诩也不比他小几岁），他投奔曹操时已经年逾五十岁了。

　　关于程昱，可说的可不少。他投奔曹操之前，一直在兖州种田，无论是谁来请都绝不出仕，大有这辈子都不任官职的势头。但当曹操就任兖州牧，荀彧请程昱当曹操的谋士时，他却毫不犹豫地答应下来。人家问他为什么这么"双标"时，他也只是笑而不答。

　　程昱未到曹操麾下时，曾反复做过一个怪梦，梦见自己登泰山揽日，醒来时将此梦说于荀彧，曹操便在他的名上加了一个"日"，改成了"程昱"（他原名程立）。回望他的一生，又何尝不是将曹操视为光芒万丈的太阳，视为指引前路的明灯呢？

但程昱最广为人知也最骇人听闻的事迹，是他曾面不改色地将人肉混在军粮中，以弥补军粮的短缺。

那是曹操刚失去兖州的时候。祸不单行，那年正逢蝗灾，从百姓到军士无不成批地饿死，人吃人的状况更是家常便饭。曹操此时也正处在粮食极为短缺的时候，甚至差点应下袁绍的邀请，前去投奔他。但程昱怎么会允许他的太阳生活在别人的阴影下呢？于是程昱为供应三日军粮，在乡里大肆抢掠，军粮中更是混有不少人肉，这也成为了程昱的一大人生污点，可能也是他后来没能位列三公的原因之一。

我们仔细一想，不难发现他和郭嘉不乏共同之处。他们都是自始至终鼎力支持曹操，也都足谋多智，深得曹操信任。而且他们都不拘小节，"不守礼法"，陈群特别喜欢弹劾他俩。但程昱性情刚戾，因此有厌恶他的人诬告他谋反，多亏曹操极其信任他，他才幸免于难。

上帝说要有光，所以给了程昱曹操——这个他视之为太阳，一辈子追随的人。但是他却为了他的太阳做了一辈子见不得光的事，不得不令人嗟叹。

毛玠

毛玠（？—公元 216 年），毛玠清廉守正，用羊代表他。

毛玠是谁？

好像也没什么名气，为什么我要专门讲一下他呢？

毛玠在人才济济的曹营中并不出名，但是他在关键时候起到了关键性的作用。

大家都知道曹操"挟天子以令诸侯"，这个思想理念最初就是由毛玠提出来的。但他的原话并不是这样，是什么呢？

毛玠提出的是："宜奉天子以令不臣，修耕植，畜军资，如此，则霸王之业可成也。"

这样一看，毛玠的"奉天子"和荀彧的"迎奉天子"是不是很像？

要注意的是，这个观点，毛玠提出的时间更早，是初平三年即公元 192 年提出的，而荀彧是在建安元年也就是公元 196 年曹操击败黄巾军之后向曹操建议的，所以有人说这是毛玠版的"隆中对"，没有毛玠，就没有后来的曹魏。这话不无道理。

但是，"挟天子以令诸侯"和"奉天子以令不臣"这两句话的格调是完全不一样的。"挟天子"是绑匪挟持人质，而"奉天子"，才是真正的臣下迎奉落难君主，上下级关系分明。这一下子就让曹操站到了道义的制高点上，振臂一呼，至少没有人大声反对。

而毛玠提出的"修耕植，畜军资"更让曹操解决了兵员和粮草问题，积蓄了称霸天下的基业。

除了谋略过人，毛玠也是三国时期少有的清正廉明的官员。虽然他曾经义正词严地拒绝曹丕安插亲信的请求，但是在世子之争时站在曹丕一方。

曹操曾赞毛玠："此古所谓国之司直，我之周昌也。"

毛玠一生清廉自守，执法严明，真正做到了秉公执法，外举不避贤，内举不避亲。但是，如此清正廉洁的他，却终究晚节不保，被削去职位，死在家中。

据说因为太过清廉，家里太穷，以至于家人连毛玠的棺材都买不起，还是曹操送过去的。

徐庶

徐庶（？—约公元230年），兔子急了也要咬人，说的就是徐庶吧？

曹魏比较重要的几位谋士都说完了，下面该讲蜀汉了。

说到蜀汉的谋士，绝大部分人无一例外第一个会想到诸葛亮。但我第一个要说的，确实不是诸葛亮，而是徐庶。

徐庶其实是曹魏与蜀汉的过渡谋士，甚至说是曹魏的谋士反而合理一些。但由于曹魏人才济济，而蜀汉人才稀缺，所以历史上一般把他算作蜀汉的谋士。

徐庶早年习武，家境贫寒。年少时为替人抱不平杀了人而被捕，被同党救出后痛改前非，开始学习儒学。但由于他早年曾经做贼，同学们都瞧不起他，于是他每天早起做事，勤学好问，很快就精通儒学，并结识了诸葛亮、石韬等人。

但要论徐庶最广为人知的，还是那几个歇后语："身在曹营心在汉""徐庶进曹营——一言不发"。这又是怎么一回事儿呢？

原来，徐庶一开始与诸葛亮一起，同为刘备的心腹谋士。

后来曹操看上了他，吃了秤砣铁了心就是要得到他。于是在新野大败于刘备之后，他顺便抓走了徐庶的母亲，孝子徐庶只好跟去了曹营。但曹操虽然得到了他的人，却没能得到他的心，他的心仍留在蜀汉。而曹操的思维方式却是"我得不到的，别人也别想得到"，硬是不放他走，于是便有了他"身在曹营心在汉"的佳话。

就我个人而言，是非常喜欢徐庶的，因为他不仅才智过人，更极为谦逊，而且就我个人猜测（只是猜测），徐庶在谋略这方面比诸葛亮只多不少，不然曹操那时又怎会放弃大名鼎鼎的卧龙，而要这个名不见经传的徐庶呢？只不过他的才智在曹魏被埋没了罢了。历史上也未能留下多少有关他的痕迹，连撰写《三国志》的陈寿也未曾施舍他多少笔墨，只在诸葛亮的传记中寥寥几笔。

不过人心自有公论，我的心中也会永远为他留存一席光明之地。

徐庶和贾诩是我最爱的两个人。若要问他们在我心中重量几何，我只能回答："300 克。"

因为人心脏的重量只有 300 克。

诸葛亮

诸葛亮（公元 181 年—公元 234 年 10 月 8 日），卧龙先生，当然要用龙来代表了。

拜罗贯中的《三国演义》所赐，人们最为熟悉的三国人物肯定是诸葛亮。

小时候，我喜欢蜀汉，喜欢诸葛亮，喜欢看他排八卦阵，看他借东风，将足智多谋的他视为神明一般。但随着年龄的增长，我逐渐喜欢上了曹魏，喜欢上了狂傲率真的曹操，喜欢上了损人利己却只为苟全性命于乱世的贾诩，对蜀汉的印象也每况愈下。我开始接受鲁迅先生的说法："（诸葛亮）多智而近妖。"再后来，我读了《三国志》，发现其中的描写与《三国演义》多有出入。仔细比对后才发现，原来，诸葛亮是人。

善于治国却不善于用兵，有长处也有短板。诸葛亮，既不是神，也不是妖，而是人，是和我们并无差别的人。

诸葛亮是徐庶的老友，正是徐庶将诸葛亮引荐给了刘备，才有了后来的"三顾茅庐"和"如鱼得水"。但有人却说，徐庶明明那么早就投奔了刘备，为何这么晚才举荐诸葛亮，一看就是有私心。我觉得，这有两种解释：

1. 从徐庶成为刘备军师的公元201年，到举荐诸葛亮的公元208年，这几年并未发生什么事，而诸葛亮还不够成熟，与其让他过早出山，不如待时机成熟，使他一举成名。

2. 这种解释需要牵扯到另一个人——郭嘉。郭嘉死的那年正是诸葛亮出山之年，这不禁让无数三国"粉丝"捶胸顿足，扼腕叹息，没能看到这两位三国"智商天花板"一起登上擂台。但是，世人皆知荀彧举荐了郭嘉，却不知荀彧也是入曹营好几年才举荐了郭嘉，而郭嘉那年正是二十七岁的年轻人，这边的诸葛亮不也是二十七岁被引荐给刘备的吗？也算是冥冥之中的天意吧。而荀彧为什么这么晚才举荐郭嘉呢？因为他想让郭嘉成熟一些再入仕，而徐庶又何尝不是这么想的呢？

绝大多数人一开始认识诸葛亮，是在罗贯中的《三国演义》中。由于罗贯中本人是诸葛亮的"头号迷弟"，所以诸葛亮留在大部分人心中的形象应该是这样的：一名身材伟岸、目光炯炯的青年手持羽扇向空中一指，霎时间，空中有蛟龙腾跃，顷刻之间，东南风起……停！停！停！打断一下，不是我要破坏你的印象，但那是孙悟空，不是诸葛亮啊。

真实的诸葛亮没有那么神乎其神。料事如神？那是"乌鸦嘴"郭奉孝（郭嘉）的特长。算无遗策？不好意思，迄今为止还没有人能在这方面胜过贾诩先生。实际上，诸葛亮并不擅长军事。

在赤壁之战中，他只是参与促成了孙刘联盟，这是政治方面的。而军事呢？是黄盖和周瑜一手操办的。再说他最著名的"隆中对"，那是他对政治的敏感，与军事无关。而著名的空城计则是赵云的功劳。

陈寿在《三国志》中有这样一句话："于治戎为长，奇谋为短，理民之干优于将略。"什么意思呢？就是说，治理军队的事务是他的长处，而奇谋计策是他的短处，治理民众的才干远胜于带兵打仗的谋略。这句话精确地概括了诸葛亮的一生。

他少时自比管仲、乐毅。管仲是著名的政治好手，而乐毅是征战四方的大将军。这么一合计，读者就会发现，在诸葛亮的想象中，自己是文武双全的。而在《三国志》中有这样一句："昔萧何荐韩信，管仲举王子城父，皆忖己之长，未能兼有故也。"这句话是说，以前萧何、管仲之所以举荐韩信和王子城父，是因为他们知道自己没有文武双全的才能。诸葛亮在治国方面不亚于萧何、管仲，之所以功业难成，是否是因为季汉没有良将呢？

在我看来，赵云、黄忠哪里比历史上的名将差呢？再不济还有魏延、姜维，何劳诸葛亮亲自上场？这不过是因为他自诩文武双全，大事小事一人包揽，过于自负罢了。

下一位是与卧龙齐名的凤雏庞统。落凤坡，这是一个看过三国的人耳熟能详的地名。

庞统

庞统（公元 179 年—公元 214 年），凤雏先生是一只凤凰。

凤雏庞统死于落凤坡，无数人又叹惋世事无常，怎会有如此之巧合？

那么，到底有没有这回事呢？

答案是：

并没有。庞统在正史上并没有骑着白马中埋伏，而是在攻城时被流箭射死，并没有演义中那么有戏剧性。

庞统另一个广为人知的特点是，他是一个优秀的评论家。庞统点评当时的人有一个特点：称赞的话往往远胜那人的才能。其他人就奇怪呀，你为什么明知他的才能并不突出，却要极力称赞呢？庞统对此有自己的解释："现在可是乱世，善人少而恶人多，如果不多加赞赏，那人就不会被仰慕。如果不能使人仰慕，那一心向善的人便会越来越少。"这就是他挑选人才的准则。他还认为，如果举荐十个人，哪怕有五个人都名不副实，也还剩下五个可用之材。

但庞统最广为人知的，除了落凤坡之死，则是他与水镜先生司马徽的那次谈话。在他二十岁之前，人们都觉得他"朴钝"，没有人赏识他，于是他去找了以善识人而闻名的司马徽，与他在树下促膝长谈了一整天，这一天之后，庞统便多了一个广为人知的名号：凤雏。（顺带一提，诸葛亮的"卧龙"之名也是司马徽最先赋予的）

虽然庞统和诸葛亮一个是凤雏一个是卧龙，但庞统似乎盛名之下，也没什么出名的谋略，不像诸葛亮，三顾茅庐、草船借箭、空城计，都是耳熟能详的。这一方面是由于《三国演义》深入人心，另一方面也是因为庞统年仅三十六岁就去世了，要是他能活得跟诸葛亮一样长，那就是另外一个故事了。但不可否认的是，如果不是庞统给刘备献上"取川上中下三计"，刘备就不可能成为汉中王。这可是一个长期规划。

回望庞统的一生，性格温厚，从不吝啬称赞的话，善于识人，陈寿将他比作蜀汉的荀彧，我个人认为这是非常恰当的。

但是，在正史上，刘备最为宠幸的谋士既不是庞统，也非诸葛亮，而是另一个人。

那个人，就是法正。

法正

法正（公元176年—公元220年），为了达到目标有些不择手段，这一点像是貉的习性。

法正，字孝直，刘备的早期谋士之一，极其重要，对刘备成就霸业起到了决定性的作用。可以说，没有他，就没有后来的汉昭烈帝。

但这么说，诸葛亮的"粉丝"就不答应了："人家刘备说得我们诸葛亮是如鱼得水，书上说他有神机妙算。你们法正算老几！口气倒不小。"欸，可别朝我丢板砖，我这么说可是有依据的。

第一，刘备是说了那话不假，但是诸葛亮啥时候擅长神机妙算呢？你可别听罗贯中的话，《三国演义》就是一本故事书嘛！对于诸葛亮，官方的评语是什么？"应变将略，非其所长"。对于法正的评语又是什么？"有奇画策算"。这样看来，法正才是真正的神机妙算。

我们再来说一件事，你就知道法正有多受宠了。

刘备东征的时候，在夷陵被陆逊打败，诸葛亮曾有一句感叹："法孝直若在，则能制主上令不东行；就复东行，必不倾危矣。"这句话什么意思？就是说，如果法正还活着，就可以劝住刘备不东征，就算东征，也不会败得这样惨。从这句话我们可以获知两个信息：

其一，法正极其受刘备信任，甚至超过了诸葛亮。因为这话是诸葛亮说的，既然他说法正能劝住刘备，也就是说他自己没劝住刘备。由此可知，刘备最宠幸的人是法正。

其二，法正拥有奇谋妙计，而奇谋向来是诸葛亮所不擅长的，因此这不能怪诸葛亮。与此同时，诸葛亮说法孝直不会使刘备惨败，则是极大程度地肯定了法正的才智。而陆逊也是当世奇才，他在夷陵之战中一举将刘备击溃并使之一蹶不振，若法正才可以与他抗衡，就不得不说法正是个人才。

我们回头再看诸葛亮的这句话，会感到说不出的熟悉。是的，这和曹操兵败赤壁后的那声长叹："郭奉孝在，不使孤至此"是一模一样的。而陈寿也将法正比作郭嘉一般的人物,仔细想来,此二人的确是极为相似的。

两个人都是才智过人，屡出奇谋，行为却都不甚检点，而且连英年早逝都出奇地相似（法正四十五岁死）。但是我个人认为郭嘉相比法正更加坦率一点，而法正则更为阴险。

请不要误会，"阴险"在我这里并不是什么贬义词。我认为，三国时期可称"阴险"的有三个人：1. 贾诩，2. 司马懿，3. 法正。这三个人中以贾诩为首，司马懿第二，法正位居其三。

贾诩是"毒士"自不用说，司马懿是"司马老贼"岂能有假？那为什么说法正阴险呢？

因为他曾给刘璋写过一封信。

刘璋派他去与刘备交好，结果他不仅不劝刘备归顺刘璋，更是说刘璋无能，刘备可以趁机夺取益州。如果只是这样，那也只能说他是阳奉阴违，但他的下一步举动可就让人哭笑不得了，可谓是妥妥的"小人行径"。

他给刘璋写的信中，首先进行了自我检讨，说我法孝直不才，没能使您与刘备交好，反而使他进攻益州。然后他又开始数落刘璋的种种不是。这样一看，法正不是"得了便宜还卖乖"的典型吗？

法正之所以得志，是因为他能摸透刘备的心思，也能够及时作出反应，屡出奇谋。加上前面的分析，陈寿将他比作蜀汉的郭嘉，是极其恰当的。

诸葛瑾

诸葛瑾（公元 174 年—公元 241 年），他的脸比较长，据说还有"诸葛子瑜之驴"的笑话，当然要用驴代表他。

　　说起吴国的谋士，绝大多数人第一个想到的肯定是周瑜，然后是陆逊和张昭。但我已经在英雄篇中写过周瑜，而此时第一个要写的吴国谋士，是诸葛瑾。

　　正如徐庶是魏和蜀之间的过渡人物，诸葛瑾就是蜀和吴之间的过渡人物。

　　诸葛瑾是东吴常驻蜀汉大使，他的弟弟诸葛亮是蜀汉的丞相，但是孙权非常信任诸葛瑾，从来不怀疑他会和刘备暗中勾结，并留下了"生死不易"这个故事。

　　说到诸葛瑾这个人，绝大多数人可能只是听过这个名字，记得有这么一个跑龙套的，大家对他印象最深刻的，是那个有趣的故事：

　　话说诸葛瑾相貌堂堂，气质儒雅，却有一个缺点——脸长。有一次孙权为了调侃他，特地牵来一头驴，在驴脸上贴了一张纸条，上书"诸葛子瑜"四个大字。诸葛瑾涵养自然好，笑了笑没说话。他儿子诸葛恪可沉不住气了，上去提笔补了两个字，改成了"诸葛子瑜之驴"。孙权看着有趣，就将驴赏给了诸葛瑾。

但是正史上真是如此吗？

并不是。

南朝有一部写魏晋时期的书，专门记载时人，尤其是文人雅士的言谈及奇闻轶事，名为《世说新语》。该书可靠性不强，但具有一定的参考性，属野史范围，如大名鼎鼎的"七步成诗"就是此书记载（正史中并无此事）。

这部书中有这样一段话：

诸葛瑾，弟亮及从弟诞，并有盛名，各在一国。于时以为"蜀得其龙，吴得其虎，魏得其狗"。

这段的意思大致是说，诸葛瑾和两个弟弟各在一个国家，蜀国的诸葛亮被喻为龙，吴国的诸葛瑾被喻为虎，魏国的诸葛诞被喻为狗。

诸葛亮自不用说，诸葛诞没什么才能，也不用说了，而诸葛瑾能被喻为虎，自然有他的道理。

诸葛瑾最擅长的是迂回战术，这一点和孙昭截然不同。

孙权和诸葛瑾谈话时，如果遇到意见相左的情况，诸葛瑾会立刻岔开话题，然后再绕着弯举出各种有利的例子，最后再慢慢回到那个话题，此时孙权心情好了，多半会应允诸葛瑾的提议。

比如，孙权对吴郡太守朱治心怀怨愤，又不能把他怎么样，很是愤懑。诸葛瑾写信劝导孙权，让孙权心情舒畅。再比如孙权想惩治虞翻、殷模等人，每一次都是诸葛瑾通过迂回战术，成功化解了危机。

诸葛瑾能够在历史上留名，自是有过人之处。他不是因为"诸葛子瑜之驴"的闹剧而存在的。他的人生光芒并不亚于任何一个人。

鲁肃

鲁肃（公元172年—公元217年），鲁肃为人踏实，像老黄牛一样，所以用牛代表他。

鲁肃年轻时非常有钱，而且极其豪爽，大笔地拿出家中的财产救济乡人，因此所有人都喜欢他。

他和周瑜的结识正是因此。

周瑜任当地县长时，于某天有意去拜访鲁肃，请他提供数百人食用的粮食。鲁老板不愧是地主，一出手就是大手笔，极其阔绰。当时他家有两个粮仓，每个粮仓中各有三千斛米，他随手指了一座仓库，让周瑜随意取用。

鲁肃再次登上历史舞台，是在"江东小霸王"孙策去世后。当时孙权刚刚继位，周瑜向鲁肃伸出了橄榄枝，邀请他共谋大业。

鲁肃一进孙权大营，立刻表现得才华横溢、不同凡响，不仅在席上与孙权言笑晏晏，更是在散会后被孙权特召，进行了一次密谈。

这次密谈的内容大致是鲁肃给孙权分析了当时的形势，确定了汉室不可复兴，唯有先与曹操、刘表分天下，再从"软柿子"

刘表下手，一点点蚕食，最后统一天下。说白了就是先三分后统一，自立为王，这就是著名的"榻上策"。

是不是有一种莫名的熟悉感？没错，这就是诸葛亮在"隆中对"中提出的观点。鲁肃在建安五年（公元200年）提出了"榻上策"，比诸葛亮于建安十二年（公元207年）提出的"隆中对"早了整整七年。

鲁肃在赤壁之战中也发挥了重要作用。当时他一听到刘表的死讯，立即主张北上夺取荆州，万不能让曹操占了先机。可惜事与愿违，仍是迟了一步。好在鲁肃当机立断，及时拦下刘备，最终促成了孙刘联盟。

正巧这时候曹操南下的消息传来，孙权要面对的问题一下子从联刘与否，变成了降曹与否。当时将领们皆劝孙权降曹，唯有鲁肃一言不发。孙权听着这一干人叽叽喳喳，实在头疼，起身上厕所，鲁肃趁机追上来。孙权知道他有话要说，便握住他的手让他说。鲁肃分析道："今肃可迎操耳，如将军，不可也。"这句话是什么意思呢？就是说投降不是不可以，但是要看人，比如我鲁肃自然可以，而将军您不可以。为什么呢？我鲁肃降了曹操，可以一点点升迁，在他手下做官是没有问题的。而将军您，在曹操手下又能做什么呢？

这番话正说到了孙权的心坎上，孙权当即表示：绝不投降，联刘抗曹。

这也就导致了后来的赤壁之战。

"刘备借荆州"是人尽皆知的典故，而这一尴尬的局面又是谁造就的呢？

　　自然是鲁肃。

　　当然，鲁肃的本意可不是这样，他是想培养刘备，让他更加强大，以便助孙权抵御曹操，说白了，就是想为孙权养一条强大而乖顺的狗。可惜事与愿违，鲁肃看错了人，反而培养了一匹势均力敌的狼。

　　回望鲁肃这一生，慷慨精明，能说会道，他的一生有功，亦有过。我无法品评这复杂的人生，我所要说的，唯有敬佩而已。

　　鲁肃的一生，无愧自己，无愧东吴，无愧他为之奉献一生的江东帝业！

　　鲁子敬，无愧始终！

张昭

　　张昭（公元156年—公元236年），张昭是东吴老臣，就像一只恋旧守家的老猫。

　　说到东吴谋士，不能不提老臣张昭。张昭虽不出名，却也极其重要。他可以说是东吴老臣，自孙策起就被器重，孙策死前，更是特地把弟弟孙权托付于他，对他极其信任。

　　孙策还在的时候，曾发生了这样一件事：

　　有人给张昭来信，将江东的成就全归于张昭。张昭接到信后犯了难，这封信就像一个烫手山芋，藏着掖着吧，怕被人说有异心；给孙策看吧，又觉得不合适，左右为难。

　　正巧孙策得知了此事，非但没有责罚张招，反而高兴地笑起来，说道："昔管仲相齐，一则仲父，二则仲父，而桓公为霸者宗。今子布贤，我能用之，其功名独不在我乎？"

　　这话是什么意思呢？就是孙策将张昭比作管仲，不仅夸赞了他的才能和功劳，也是在安慰他，让他不用担心，自己并无怪罪之意。这件事不仅说明了张昭的才能，也在另一方面体现了孙策的豁达与贤明。只可惜孙策英年早逝，不然也必是一位明主。

建安五年，也就是公元 200 年，孙策遇刺，生命垂危，临终前将孙权托付给张昭，并说出了与刘备对诸葛亮托孤一样的话，"若仲谋不任事者，君便自取之"。从此，张昭忠心耿耿，一心辅佐孙权。

苏轼的名篇《江城子·密州出猎》中有一句："会挽雕弓如满月，亲射虎，看孙郎。"

孙郎者，孙权也。

孙郎射虎是极为著名的一件事。话说孙权少年心性，喜欢打猎、出游，尤爱亲自骑马射杀老虎。这无疑是极危险的，也是老臣张昭无法接受的。于是张昭便上表，要求孙权停止此行为。

孙权听了吗？自然没有，但也有所收敛，为此，他特地发明了一种射虎车，可能类似今天的坦克，孙权就坐在这样的车中射杀老虎。

张昭对孙权而言，可以说既是臣子，也如父辈一般，总是一丝不苟，严正刚直，敢于直言进谏，甚至不惜触怒孙权。

有一次，公孙渊在辽东反魏，向孙吴称臣，想让吴国接应。孙权想派使者去，但是张昭极力反对，认为使者有可能一去不回。两个人谁也说服不了谁。

后来，孙权还是派遣使者去了辽东。张昭很愤怒，不去上朝，孙权就派人用土封了张昭家的大门。张昭也有意思，自己在里面筑了一道墙，以示决心。后来，公孙渊果然杀了吴使，孙权才明白张昭是对的，但是又拉不下面子道歉，就想请张昭给自己一个台阶，而张昭就是不退让。于是孙权用火烧张昭家的门，逼他上朝。但张昭可不是能吓得住的，孙权只好下令把火扑灭。

想想就觉得好笑，有时候张昭就像一个倔老头，而孙权就像一个叛逆期挺长的大侄子。假如孙权也不退让，张昭就要成为另一个介子推了。

张昭可以说辅佐了孙家两位君主成就霸业，老成持重却不免保守刻板。但朝中不但需要灵活善算的鲁肃，也需要老成稳重的张昭来维持平衡，因此，他在朝中也是极重要的。更是因为他的稳重，所以一生都为人尊重。

猛将如云

吕布

吕布（？—公元 199 年 2 月 7 日），"人中吕布，马中赤兔"，用赤兔马代表他。

说到三国时期的武将，不能不先说吕布。

吕布的知名程度可比他"父亲"董卓高多了，没有人不知道那句著名的"人中吕布，马中赤兔"。他和他的赤兔马是历史上的英雄和名马，然而人们对他的评价却不高，这又是为什么呢？

这就要归咎于他的"认爹"能力了。

事实上，吕布还有一个人尽皆知的"美名"——三姓家奴。

这个绰号的字面意思极好理解，且侮辱性极强。

吕布被冠以这个绰号，全是因为他跟一个主子认一个爹，算上他本家的吕姓，可不就是三姓吗？

吕布最先跟随的是丁原。丁原在三国时期并不出名，当然，这全是因为他过早地退出了历史舞台。而他的"早退"，就要归功于吕布先生了。

吕布这人唯利是图，对"情义"二字更是视若粪土。他在丁原手下时，认丁原为义父，对他唯命是从，而丁原待他也着实不薄。而他在董卓的利诱下，却毫不犹豫地选择了杀害丁原，投奔董卓。想必他在面对丁原难以置信的眼神和逐渐冰冷的尸体时，内心也不会泛起一丝涟漪吧？

但董卓与吕布之间也不太平。

历史上虽没有貂蝉，但董卓和吕布"父子"间的矛盾却是真实存在的。董卓因为一点小事就想要了吕布的命，而吕布也确实曾与董卓的侍妾私通。

吕布找王允诉苦，王允则趁机挑拨离间，让他杀董卓。吕布有些犹豫："奈如父子何？"而王允则说，他姓董，你姓吕，你们本就不是一家，更何况你还要担心他杀你呢！

吕布一想，也是！于是便允下了亲手刺杀董卓。

董卓死后，便是李郭之乱，吕布之逃，王允之死。

吕布相继投奔袁绍、袁术兄弟未果，倒与刘备成了"同盟"关系。.

这还要牵涉到吕布所为的另一著名事件——辕门射戟。

这次的事可真是令人啼笑皆非。

话说吕布先是劫了刘备的家人，而后又因刘备依附，将他们放了回来。与此同时，袁术派纪灵来抓刘备，刘备向吕布求援，吕布一开口就惊诧众人：

"布性不喜合斗，但喜解斗耳。"

这话啥意思？就是说，我吕布生性爱好和平，最喜欢劝架。

瞧瞧这话说的！大名鼎鼎的"三国战神"吕奉先竟是一个和平爱好者！

于是，吕布在大门外竖起他的戟，并表示，如果自己能一箭射中戟的小支，双方就和解。没想到他的箭真的笔直地射中了小支，双方就此罢手。

之后的事情，便是人尽皆知的水淹下邳。刘备一言以杀吕布，没什么好说，就此略过。

总之，很难评价吕布此人。说他有勇无谋吧，不准确，因为他多少有点谋略，才能在这个乱世活这么久。但说他有智谋吧，想必没人会信。因此，他只是一个有点小聪明的莽夫罢了。

张辽

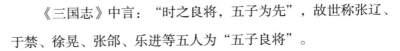

张辽（公元 169 年—公元 222 年），他是一匹来自西北的狼。

张辽，五子良将之首。

何为五子良将？

《三国志》中言："时之良将，五子为先"，故世称张辽、于禁、徐晃、张郃、乐进等五人为"五子良将"。

张辽原是吕布的心腹手下，可以说，有吕布出现的地方就有张辽的身影，张辽从丁原时期就跟随吕布。

张辽的祖上是西汉的一位将军，姓聂，后为避仇而改姓张。张辽也算是一位少年英雄。吕布兵败下邳时，张辽投奔了曹操，年仅二十八岁的他已闯荡出了自己的天地。

在官渡攻灭袁绍后，张辽奉命平定鲁国各县。在围攻昌豨时，张辽敏锐地察觉出他有投降的意图，便入鲁劝降，果然成功。

张辽一生战功彪炳，如在白狼山之战中大破乌桓，这不仅是张辽的胜利，还是汉人击败胡人的重要一战，甚至有人将张辽与卫青、霍去病相提并论。天柱山之战则充分体现了狭路相逢勇者胜的道理。没错，张辽就是那个勇者。

但张辽最为出彩的一次战役是逍遥津之战。这一仗打得十分漂亮。在合肥逍遥津，张辽率八百勇士大破孙权十万大军，因此，孙权也在后世留下了一个"美名"：孙十万。

当时，曹操西征，率军攻打割据汉中的张鲁，留在合肥的守军不多。曹操估摸着孙权会来打合肥，临走前留下一个锦囊。

果然，孙权发动十万大军直扑合肥。合肥守军参照锦囊，在孙权立足未稳之际，由张辽率八百勇士直扑敌营，锐不可当。孙权和他的将士们从睡梦中惊醒，仓皇失措，方寸大乱，被张辽的奇袭惊得四散奔逃。

孙权好容易才将张辽等人团团围住，不料张辽率人左冲右突，带领数十人杀出一条血路，又突入重围救出剩余部下。孙权军中竟无一人敢拦，望风溃败，使得张辽率人马凯旋。

这一仗之后，张辽名声大震。《三国演义》里说，这一阵杀得江南人人害怕，闻张辽大名，小儿也不敢夜啼。张辽"小儿止啼"的威名远播。

曹营里的名将虽然一只手数不过来，但是不管怎么数，张辽都能位居前列。后世唐肃宗追封并且设庙祭奠的六十四名将，张辽是曹魏唯二列入其中的，可见其的确是骁勇善战，有勇有谋，无愧于五子良将之首。

假设一下，如果张辽没有病死于江都，说不定可以早日踏平江东。

可惜，没有如果。

张郃

张郃（？—公元 231 年），机变灵活，就像一头灵巧的豹子。

张郃原是袁绍的爱将，在击败公孙瓒的战役中屡立战功，被任命为宁国中郎将。

他在袁曹二人"相爱相杀"的官渡之战中也起到了决定性作用，他的倒戈也彻底使袁绍一败涂地。

让我们来复盘一下战局。

首先，官渡这个地方选得不好。官渡在黄河以南，离曹操的许昌近，曹操可以更方便地供给粮草。反观袁绍，隔着一条大河，粮草难免有些供给不利。但这又能体现出两方的实力差距。试想，曹操占据有利地点，仍有断粮的危机，而袁绍虽略处劣势，粮草却仍大批运来，足见当时二人的差距之大。

即便是位置不利，袁绍仍处于绝对优势，他的下一个举措才是害他惨败的真实原因——

相信郭图。

郭图所提的建议、做的决策与"胜利"这个词简直"不能说一模一样，只能说毫不相关"。也正是他的一系列行动，使得张郃被迫降曹，袁绍最终失败。真不知道郭图到底是袁绍的谋士还是曹操的间谍？真可谓"谍中谍"了。

张郃主张救乌巢，他说："曹公兵精，往必破琼等。琼等破，则将军事去矣，宜急引兵救之。"而郭图则坚持要进攻曹操的大本营，认为这样可以趁机端了曹营。

袁绍正是听了郭图的昏招，只派小股部队去救淳于琼，而大部队去奔袭曹营。后果可想而知，不仅没袭成曹营，还将自己的乌巢粮仓赔了进去。袁绍的怒火可想而知，但这"锅"，郭图可不想背。

平息一个人的怒火，最好的方法是什么？

找一件让他更生气的事。

于是郭图便对袁绍说，张郃对兵败感到高兴，出言不逊。袁绍一听，火就更大了，怒火光速转移。张郃可不敢惹这个大麻烦，赶紧溜之大吉，投奔曹操去了。曹操自然乐得接受这么一员猛将，这也就奠定了官渡之战的大局。

投靠曹魏后，张郃跟着曹操东征西讨，立下了赫赫战功，也成为陈寿笔下的五子良将之一，并且是战功最卓著的那一个。

诸葛亮北伐时，五子良将只剩下张郃。

诸葛亮第一次北伐时，张郃在街亭大败马谡。诸葛亮上演"挥泪斩马谡"的戏码人尽皆知，却很少有人知道，诸葛亮这一哭是被张郃给打的。

第一次北伐失败，推倒了诸葛亮北伐的多米诺骨牌，此后诸葛亮屡败屡战，六出祁山，直到秋风五丈原，至死也没有实现夙愿。

前三次北伐，张郃都"料敌如神"，一次次挫败诸葛亮的计划。可惜的是，诸葛亮第四次北伐时，张郃与司马懿意见相左，被迫领兵追击蜀军，在木门谷中箭而亡。

关于张郃的死，有人说是司马懿借刀杀人，毕竟张郃很令他忌惮，但是这些说法不足为信。对于张郃而言，作为一名战士，马革裹尸还，也不负他戎马一生。

于禁

　　于禁（？—公元221年），由于其晚节不保，用一只乌龟代表他。

　　同为五子良将，于禁的纪律性和管理能力是最强的，却也是唯一不得善终的。

　　这是为什么呢？

　　于禁和乐进一样，都是曹操的前期追随者，从曹操在兖州镇压黄巾军正式创业开始，于禁就一直追随曹操。

　　一开始，于禁只是军中的无名小卒。在张绣降了又反叛的淯水之战中，曹操几乎全军崩溃，只有于禁约束着自己率领的数百人且战且退，有序撤离，路上遇到被青州兵抢劫的士兵，又顺手把青州兵"修理整顿"了一番。

　　于禁顺利撤退之后，青州兵就去曹操那里告状。于禁即使知道青州兵诬告了他，也不予理会，只是一个劲儿地专心修营垒，以抵御张绣后面的进攻。曹操对此大加赞赏。

　　这便是于禁的严明军纪。

　　不仅如此，于禁还铁面无私。

于禁的老朋友昌豨反复叛曹，曹操派夏侯渊和于禁征讨，昌豨于是归降于禁。别人都以为昌豨得以赦免的时候，于禁却说："豨虽旧友，禁可失节乎！"就是说，昌豨虽然是我的老朋友，但我于禁岂能丢掉节操呢？

于禁还是把昌豨杀了，连曹操都只能感叹昌豨命不好，不向他投降而专门向于禁投降，反落得一命呜呼。

请记住这句话：禁可失节乎！这是于禁在审判别人时的表现。

一语成谶，于禁的"节"也成为勒死他的绞索。

于禁的人生转折点在樊城。

樊城那场连绵不断的秋雨被关羽利用起来，水淹七军，擒于禁，斩庞德，威震华夏，也彻底改变了于禁的人生轨迹。

于禁、庞德都在洪水中被围困，几乎全军覆没。于禁最先扛不下去，投降了关羽。而庞德宁死不屈，不愿投降，还大声地呵骂，最后被关羽杀了。

于禁的投降令所有人大跌眼镜，连曹操都觉得很震惊，哀叹："吾知禁三十年，何意临危处难，反不如庞德邪！"

庞德，一个并没有过人才能的普通将领不屈而死。于禁，一个倍受器重的贤能将领，五子良将中唯一"假节钺"的武将失节偷生。

不怕不识货，就怕货比货。

于禁是没能力吗？不，是没勇气。

两年后，于禁被孙权辗转送回魏国，已然须发皆白，斗志全无。

曹丕明面上宽慰他，还命他去给曹操守陵，却提前派人在陵墓的墙壁上绘制了水淹七军、于禁战败乞降的全过程。于禁看到后，悲愤又羞愧，得病死去。

曹丕不杀人，他诛心。

于禁死后，曹丕给他的谥号是"厉侯"，显然，这是一个恶谥。

只能问，禁可失节乎？

可！

徐晃

　　徐晃（？—公元 227 年），"武力值"高，能和关羽一决高低，所以他俩一个是美洲狮，一个是非洲狮。

　　五子良将的最后一位是徐晃（徐公明）。

　　当然，在我心目中，他们的排名不分先后，因此这个"最后一位"只是指讲述顺序，而非排名。

　　徐晃是五子良将中最为低调和冷静的，行为处事思虑周全，认真严谨。

　　他一开始是杨奉的部下，因最早认清形势，便劝杨奉迎奉落难天子。杨奉便依他之谏，投靠了曹操，将天子迎奉到了许昌。但后来杨奉反悔了，曹操便征讨杨奉，而徐晃则投靠了曹操，从此一直追随曹操，忠心耿耿，矢志不渝。

　　从此事即可看出徐晃是非常有政治眼光的，不仅看出落难天子虽无实权，却有个好名，是个好筹码，更是慧眼识英雄，一眼看出曹操才是值得投靠的明主，才是当世之英雄豪杰。

　　徐晃最为高光的时刻，就是他在关羽水淹七军之后去解樊城之围。

说起来，徐晃和关羽、张辽还是老乡，私交也很不错，关羽在曹营时，也常与他二人饮酒谈天，很是惬意。

在襄樊之战时，徐、关二人又以敌对双方将帅的身份重逢。但徐晃此人最大的特点便是谨慎，公私分明，所以他和关羽是"但说平生，不问国事"。

关羽找他叙旧，他俩一番谈天，极为尽兴，但酒杯刚一放下，徐晃就变了脸色，立刻对身后的军士们说："取关云长头者，重赏金千金！"关羽大为震惊，忙问："大兄何故如此！"徐晃则面色一凛，"此国事耳！"关羽听罢也是大叹，在曹营待久了，谁都成了无义之人。

但事实上，他们不过是各司其职，各忠其主，又谈什么有情无义呢？

从以上两件事便可看出，徐晃虽为武将，却思维缜密、公私分明。曹操更是极为赏识他，称赞他有周亚夫之风。在我看来，这评价是极恰当的。

乐进

乐进（？—公元 218 年），个头不高，但是战斗力很强，像"平头哥"，所以用蜜獾来代表他。

老将乐进也是曹操的早期追随者，他和于禁一样，是跟随曹操一步一个脚印，一个硬仗一个硬仗打出来的。

乐进最大的特点就是勇烈果敢。

他身材矮小，长期随曹操征伐四方。随曹操在官渡大战袁绍时，他也起到了关键作用。

在写张郃时，我们提到过袁绍没有采纳张郃的意见，只用少量部队支援被困乌巢的淳于琼，结果大败而归，乌巢更是被烧毁殆尽。

而那一夜，正是乐进等人同曹操前去袭营，乐进本人更是立下奇功，亲手斩杀了对方大将淳于琼，大破袁军。

那是一个月黑风高的夜晚，曹操在得知袁军粮草位于乌巢的确切消息后，率大队人马走小道偷袭乌巢，一行人踏着月色悄无声息地逼近了淳于琼的营地。只听曹操一声压低声音的"点火"，将士们举着火把冲进敌军阵营，而正在酣睡的袁军尚且不知发生了什么，便只听见帐外兵荒马乱的喧哗和守营士兵凄厉的喊声："走水啦！袭营啦！快救粮草啊！"之后就看见凶神恶煞的曹军杀进营帐……

而大帐中也正在酣斗。乐进已杀入帐中，正与淳于琼缠斗。他手起刀落，只见寒光一闪，淳于琼便倒下了。

当那些姗姗来迟的援军终于赶到时，也只能面对冲天的火焰无力回天……

官渡之战无疑是乐进战争生涯中最光辉的一笔，他的赤胆忠心也使他位列五子良将，青史留名。

在逍遥津战役中，虽然大出风头的人是张辽，但是没有乐进的紧密配合，这一仗就不可能打得这么漂亮。

虽然乐进一直以来都是一个配角，但是他却活成了自己的主角。

敬乐进，这位英勇忠诚的战士！

典韦

典韦（？—公元197年），一员虎将，用老虎代表他。

五子良将讲完了，我们来看看下一位魏将——典韦。

说到典韦，很多人的反应应当是这样的：

"哦！那个人啊！好像挺厉害？不太了解……"

想必很多人都是这样想的吧？这很合理，因为在《三国演义》中，典韦的戏份实在不算多，第十回出场，第十六回便死了，实在没什么存在感。

但是，典韦是极勇猛的，宛城之战也给很多"书粉""京剧粉"留下了较深的印象。他孤身一人，既无马也无兵器，阻挡住了张绣军，保护了曹操成功撤离。甚至在他死后，张绣军仍不敢从正门进入，只敢绕道进帐。

典韦的一生虽然短暂，却也是极精彩的。

典韦早年曾干过一件震动全县的事，他的朋友刘氏与富春长李永有仇，他便自作主张为刘氏报怨，驾车带了酒菜前去拜访李永。趁酒酣耳热，典韦从怀中掏出兵器，将李永和他的妻子全都杀死，又揣着兵器缓缓地步行离开了。集市上的人看到了，都惊骇不已，却无一人敢上前阻拦，只敢虚张声势地在他身后追赶，眼看着他被赶来的朋友接应，边战边退，逃之夭夭。

他原先隶从张邈，后跟随曹操，在曹操手下时照样很得信任，长期在他身边，随他南征北战。.

典韦最著名的一场战役无疑是战宛城。宛城侯张绣，起先依谋士贾诩之荐降了曹操，曹操大快，便在宛城宴请诸将。曹操向诸将敬酒，典韦便手持巨斧站在曹操身后虎视眈眈，压迫感极强，吓得张绣及部下一个个战战兢兢，都不敢抬眼看他。

这氛围本是不错的，如果就这样下去，也不会有什么宛城之战了。可曹操偏偏就是个不省心的，又看上了张绣新寡不久的婶婶！张绣极不乐意，就与心腹谋士贾诩密谋兵变。夜半月黑风高，张绣军出其不意地发起了兵变。不过正史上并没有什么胡车儿盗戟之事，此为罗贯中杜撰。

典韦一人把守营门，曹军部将仓皇而逃，乱军之中，曹操的长子曹昂将马让给他，自己则死于乱军之中。典韦在营门前岿然不动，以一敌众，手持长戟左右开弓，杀得敌将皆不敢靠近，只敢远远地射箭。典韦最终大喝一声，重伤而死，委实可惜之至。他死后，张绣众将不敢从前门进入，只敢绕行。

此战役，曹操损失了一个儿子、一个侄子以及一员顶重要的心腹爱将，但他不哭儿子，不哭侄子，专哭典韦，祭完典韦才祭儿子。可见典韦在他心目中分量几何！

许褚

许褚，赐号"虎侯"，因此用老虎代表他。

　　典韦死后，曹营的另一位猛将取代了他的位置，他就是被曹操誉为樊哙，被后世称为虎侯的许褚。

　　许褚相比典韦，出场率可要高得多。自典韦死后，许褚便长期作为曹操的"贴身保镖"伴其左右。

　　许褚在归顺曹操前已在当地威名赫赫。他率领当地乡亲修筑堡垒，坚守家乡。箭矢之类的武器用尽了，许褚便让堡垒中的人帮他捡石头放在四周，他用石头砸敌军，但凡被砸到的，无不骨头碎裂。

　　许褚进曹营后，最著名的战绩应当是"裸衣斗马超"了。罗贯中在《三国演义》中将这一战描述得极其精彩，不过可惜的是，正史上并无这番记载，但我们也不妨一叙。

　　话说在《三国演义》中，韩遂、曹操两军交锋之时，马超于阵前指名道姓要求许褚出阵单挑。许褚倒也不含糊，提着武器便站了出来，上来便和马超战了数百回合，连兵器都打断了还在战斗。"中场休息"时，许褚嫌热，便将盔甲脱了下来，赤膊上阵，又与马超斗了数十回合。最后曹操看不下去了，担心许褚，便派出其他将领，最后成了大混战。混战结束后，许褚中了两箭，马超毫发无损。

《三国演义》的这篇故事精彩绝伦，但不免让人以为许褚不如马超。你看，是马超主动要求许褚出战，气势上便胜了一筹。曹操担心许褚才会派兵，若不是许褚不敌，曹操又怎会担心？最后，许褚身中两箭，马超毫发未损，又胜一筹。

这么看，马超倒确实要胜过许褚了。

可事实当真如此吗？

让我们来看一件历史上有记载的真事。曹操在潼关讨伐马超、韩遂时，曾约他们"单马会语"，命左右都不能跟从，只让许褚陪伴，以防不测。马超便仗着自己勇力过人，想偷偷行刺曹操，但素闻许褚很勇猛，便有些忌惮，怀疑曹操身边这个骑士就是许褚，就问曹操："公有虎侯者安在？"曹操不言语，指了指身边的许褚。马超一扭头，正对上许褚一对圆瞪的怒目，吓得一寒噤，一直到会谈结束都不敢有任何动作。

怎么样？正史上的虎侯，的确没有令人失望，也确实当得起曹操对他的"樊哙"之称！

夏侯兄弟

　　曹操是熊，那么曹氏兄弟和夏侯兄弟也都用熊来代表。

　　说到武将，不得不提夏侯和曹家诸位兄弟，个个拎出来都是当时名声赫赫的大将。

　　夏侯惇和夏侯渊可以算得上是素来多疑的曹操最为信任的将领。

　　《三国演义》中，这两位兄弟也是战功赫赫，威名远扬。不过遗憾的是，正史上的两位将军却不如演义中写得那般战无不胜。

　　夏侯惇与夏侯渊最大的特点便是忠诚，他们也正是因此才深受曹操信任。

　　夏侯惇最为人所熟知的一役便是他战吕布时"拔矢啖睛"了。罗贯中对这一战描述得精彩细致，足足用了半个回目，只可惜正史中却讲得颇笼统，只说夏侯惇在此战中伤左目，更别谈什么"拔矢啖睛"了。

　　既然如此精彩，我们也不妨一谈。

话说夏侯惇在徐州之战后，随曹操征伐吕布，在城下与吕布军展开殊死搏斗，不幸被流矢射伤了。就在这时，充满戏剧性又惊悚的一幕出现了。只见夏侯惇竟将射入眼中的箭矢拔了出来，之后悲壮地大喝一声："父精母血，不可弃也！"将眼珠子吞入腹中！

历史上虽无此事，但读起来仍令人热血沸腾，意犹未尽。

夏侯惇的弟弟夏侯渊也是曹营的一员名将。

曹操年轻时曾犯了罪，但他当时要举孝廉，大抵相当于现在的公务员。考公务员可不能有案底，怎么办？他把夏侯渊拉出去"顶缸"，后来又把他解救出来。

夏侯渊一生参战无数，转战千里，但遗憾的是从未立下什么奇功。他在守卫汉中时，刘备来犯，他便派张郃守东面，自己率军守南面。不料张郃被刘备诱战不敌，夏侯渊忙率军前去救援，未曾想，路上遇到刘备军奇袭，枉死于黄忠刀下，真是可惜可叹啊！

夏侯氏兄弟二人立功虽不多，但凭借着"忠勇"二字，倒也获得了曹操信任。

曹氏兄弟

　　不仅夏侯氏兄弟是曹营猛将，曹家本家兄弟也是名将辈出，单是曹仁、曹洪两位就值得一谈。

　　曹仁和曹洪都是曹操的堂弟，随曹操征战多年，忠心耿耿，有勇有谋。

　　曹操起兵后，曹仁在当地集结了一千多名年轻人，率部追随曹操。

　　曹仁在官渡之战中发挥了重要作用。

　　袁曹两军在官渡僵持不下，刘备趁机进攻了许昌以南，所到之处人心惶惶，守军纷纷投降。曹仁认为，这是因为刘备大军压阵，我军情势紧迫无法救援所致，是情有可原的。不仅如此，刘备刚率领袁绍军，还不能充分发挥作用，所以我们是有机会打败他的。

　　曹操认为曹仁说得在理，便派他率兵进击刘备。果然如曹仁所言，失地全部收复。

不仅如此，曹仁还率部抄小路劫了袁绍的运粮车，一把火烧了袁绍的粮草，这也导致袁绍后来要运一万车粮草到乌巢，却又被曹军一把火烧掉。

曹仁在曹营中并没有夏侯氏兄弟著名，好像也没有立过什么奇功，只做了一些不引人注目的事，但这些小事于战局却往往意义非凡。

曹洪也是曹操的堂弟，虽不如曹仁智勇双全，却也是一片忠心。

话说曹操加入关东义军时，见那些诸侯个个吃喝嫖赌，就是不肯起义打董卓，气急，率领自己的少量兵马就冲出去了，结果自然是大败而归，甚至自己的马都丢了。当时战局紧迫，敌人紧追不舍，关键时刻，曹洪赶到，将自己的马让给了曹操。曹操还想推辞谦让，但事态紧急，曹洪把曹操扶上马后说："天下可无洪，不可无君！"便牵着马缰绳一路狂奔到汴水边上，见河水太深，无法直接蹚过去，便顺着河找到了一条小船，才与曹操二人最终脱险。

曹洪这人特别有钱，却很吝啬，曹丕小时候向他借东西却总得不到满足，小孩子就记上仇了。曹丕长大后，上位成了魏文帝，正巧曹洪的门客犯了法，曹丕就借着这个由头把曹洪送进了监狱，并且准备处死。群臣都来相救，却都不成功，这时候，卞太后使出了"撒手锏"。

她做了什么呢？她去对曹丕的皇后郭氏说："令曹洪今日

死，吾明日敕帝废后矣。"这招真是狠极了！威胁郭皇后，让她去给曹丕吹枕头风，这招果然有效，郭皇后哭着给曹洪求情，使他最终只是被免官削爵。

打虎亲兄弟，上阵父子兵。曹氏一家的子弟和夏侯一家的子弟，都是曹操的坚实后盾。

关羽

关羽（？—公元 220 年），忠勇威猛，用非洲狮代表他。

曹营的大将们说得差不多了，让我们来看看蜀汉的名将们吧！

蜀汉大将，首当其冲的就是关羽关二爷。他可谓是三国时期最著名的人物，无人不知无人不晓。

拜罗贯中的《三国演义》所赐，关羽在人们心目中的形象是忠勇无畏、忠义两全、忠心护主……反正跟"忠"这个字脱不了干系。但正史中的关羽又是什么样的呢？

（有一个关于关羽的问题在人们心中困扰多时：他一个卖枣的小贩，从哪练就了一身好本领？总不能是打枣打出来的吧？但这个问题就和他的早年经历一样早已不可考，我们也不能瞎说，所以就放过这个问题吧。）

关羽最为人所熟知的无非三件事：1. 温酒斩华雄；2 白马斩颜良；3. 过五关斩六将。首先，"温酒斩华雄"应被剔除，因为华雄是孙坚斩杀的，实在和关羽扯不上关系，《三国演义》

中这么写纯粹是为了凸显关羽的勇武过人。

其次，过五关斩六将也不是真的。关羽确实被曹操生擒活捉，曹操由于敬重关羽，的确对他十分礼遇。但曹操看出关羽无意久留，便拜托关羽的老相识张辽以私交为由探他的口风。于是张辽和关羽进行了一次老乡见面会，张辽问关羽："兄弟，你还走不走？"关羽感慨万千地叹道："走啊，咋的不走。曹公虽对我礼遇厚待，奈何我已受了刘将军的大恩，虽不能同生，但誓要共死。我不能背信弃义，所以肯定不会留在这里。但曹公的大恩不能不报，因此我一定会立功报效曹公再走。"

张辽将此番对话转告了曹操，曹操也不愧是英雄，听了这话也不甚恼，反而认为关羽很讲义气。

关羽杀了颜良之后，曹操便知道留不住他了，于是对他重加赏赐，但关羽分文不取，将这些赏赐全部封好留下，写了封信便告辞了，前去投奔刘备。曹操左右想去追他，被曹操拦住了，说："他也是各为其主，别追了，放他去吧。"

也正是因为曹操的这个决定，关羽顺利离开，也就没有过五关斩六将了。

不过关羽白马斩颜良倒确有其事，让我们来复盘一下当时的战局：

当时袁绍的三位大将正屯驻白马，而荀攸建议曹操要分散袁绍的兵力，于是曹操便率部装作要渡河攻袁绍后方的样子。袁绍便赶紧分兵向西迎敌，曹操就趁这个当口儿率轻兵急进，袭击白马。颜良在他们迫近才察觉，大惊失色，紧急率部出来迎战。此时的曹军前锋正是张辽和关羽，只听关羽大喝一声，趁对方军队还没反应过来，拍马纵入敌阵，手起刀落，成功在万军之中取上将首级。袁军见主将被斩，不由得方寸大乱。而另一边，张辽和关羽又配合默契，在白马大破袁军，立下大功。

那么，让我们来分析一下此战各人的功劳。功劳最大的可不是关羽，而是荀攸。依据刘邦那套理论，荀攸是功人，而关羽和张辽则是功狗，论功，可不是荀攸最大？

关羽此人，一生忠勇无畏倒不假，但他的性格却有极大的缺陷，那就是骄傲自满、刚愎自用。这也导致了他犯下失荆州等一系列错误。

张飞

张飞（？—公元 221 年），据传出身屠夫，性格鲁莽，用野猪代表他。

刘关张三兄弟说完了两个，接下来便是不能不提的张飞了。

张飞在《三国演义》里的形象一直是只会动粗的莽夫，连表决心都只会跟在关羽后面说"俺也一样"。可历史上的张飞当真如此吗？

有不少人将李逵比作张飞，对此我只能表示：这是对张飞有多大仇，把他贬低至此？李逵这种要才没才，要德没德，只会动粗的莽夫，怎配和张飞比较？

历史上真实的张飞，不仅"武力值"爆表，也颇有智谋，更写得一手好字。

比如，义释严颜就充分表现了张飞的格局和谋略。

张飞最著名的战绩应该要数长坂桥拒曹了。

话说当时刘备兵败，张飞率部断后，一直逃到长坂桥，曹军仍穷追不舍。张飞无法，过桥后手持丈八蛇矛站在对岸，瞪着铜铃般的大眼睛朝对岸大喝一声："谁敢过来！"曹军看张飞如此气概，一合计，灰溜溜地打道回府了。

这一战虽是刘备败了，但张飞的长坂桥拒曹倒是赢得了精彩。

并且，这一战并不是《三国演义》虚构，而是确有其事，还成了"据水断桥"的典故。

张飞在巴西太守任上时，还有过大破张郃的伟绩。

张飞在镇守巴西郡期间，夏侯渊和张郃奉曹操之命率部守汉中。张郃曾试图偷袭巴西郡，不料走漏了风声，在小路上被张飞伏了个正着。由于没有准备，张郃被张飞杀得大败，只率十几个残兵落荒而逃，躲在城中不敢出来，此后再不敢进攻巴西郡。

张郃是曹魏的一员猛将，前面我也写到了。巴西之战大破张郃，可以说是张飞"万人敌"的明证了。

张飞一生智勇双全，英武过人，却因不能做到礼贤下士而被怀恨的士兵杀死，死得太窝囊，委实可惜，却也不失为一个让后世警醒的教训。

马超

马超（公元176年—公元222年），也是一匹来自西北的狼。

五虎上将的第三位，是被后世称之为"锦马超"的马超马孟起。

马超在历史上的风评可不算好，在《三国演义》为他"洗白"前，他可真算得上是无情无义的代名词。

而且《三国演义》中，曹操和马超两个人有着血海深仇，水火不相容，这是什么原因呢？

《三国演义》的版本是这样的：

马超之父马腾与曹操不对付，曹操就趁马超全族都在邺城时，将他们杀得一个不剩，在西凉的马超为报父仇，毅然起兵。

这么一看，马超倒是个乖儿子，曹操才是坏事做尽的大恶人。

可事实真的如此吗？

历史上的版本其实也没差太多，但顺序颠倒了一下，变成了马超先违抗朝廷，不断骚扰，曹操才杀掉了马腾全族。

这性质可就完全不一样了，前者是为了替父亲报仇才起兵反曹，而后者则是明知父亲被困在邺城中，还要一意孤行反曹，全然不顾父亲的死活，因此，历史上将此事称之为"马超背父"。所以说，马超才是害死父亲的真正凶手。

由此即可看出，马超才是真的冷血无情。

马超的猜忌之心也很强，从他和韩遂短暂联盟的破裂便可证明。

说到这件事，还不得不提一个人——贾诩。没错，离间马超和韩遂的计谋，正是这只老狐狸提出来的。

曹操的父亲和韩遂的父亲是同年的孝廉，所以曹操和韩遂也是同辈人，他俩有好多共同话题。于是他俩骑在马上谈论家事，回忆当年在京城时的故交好友，就是不谈国事、军事。谈得兴起时，两人便拍手大笑，好不亲密。

马超这个晚辈见他们谈笑，自己怎能插得进去嘴？只得在一旁干瞪眼看着。韩曹二人谈完，马超便问韩遂和曹操谈了什么，韩遂此时正乐滋滋的，便顺口一答："没什么重要的事。"马超听了这话，便对他产生了怀疑。

贾诩这计是真毒。然而事情到这里还不算完，要整就要往死里整啊！

于是贾诩和曹操一不做二不休，又给韩遂写了一封信，信上亦不谈军事，只提些家事，但他们又在较敏感的地方多有涂改，寄给韩遂。韩遂哪知此计，毫无防备地看了。马超听说此事，便要韩遂将信给他看。马超见信上有涂改，便以为是韩遂有意为之，心下不快，猜忌便更多一分。

从以上两件事即可看出，马超是一个生性凉薄的自私之人，礼义廉耻可以毫不顾忌。

所以，在正史中，马超的品行和吕布比起来真是"不遑多让"，是个不忠不义之人，并且个人武力值还不如吕布，真的是又"菜"又坏。

以刘皇叔的识人能力，不可能不知道马超的真实水平和道德水准，所以他在借马超卖友求荣得到益州后，就把他当作花瓶"供"了起来。虽然马超也位列五虎上将，却没有实权，最后抑郁而终。

也不过死得其所罢了！

黄忠

黄忠（？—公元 220 年），忠如老狗，所以用狗代表他。

黄忠，人如其名。

黄忠和马超可不一样。黄忠一生为人低调，忠心耿耿，名望虽不如马超，人品却是马超所不能及的。

黄忠在史书中的着墨并不多，出场基本就是老将的模样了，故而很多人称他为"老将黄忠"，把他当作老当益壮的楷模。

黄忠素以神射著称，他与关羽大战三天的时候，就曾一箭射在关羽的盔缨根上。

但这是为了回报关羽之前"拖刀计"的不杀之义。

黄忠人生最高光的时刻当为了属定军山大破夏侯渊了。

著名的京剧剧目《定军山》演的正是此战，其中最为著名的无疑是老黄忠的经典唱段《这封书信来得巧》。老黄忠由著名演员谭鑫培饰演，以西皮流水和西皮散板的独白形式展现了此战役。

话说黄忠和夏侯渊在汉中定军山僵持不下，黄忠率军进击夏侯渊。诚然，夏侯渊兵众精良，但黄忠军士气高涨，锐不可当。黄忠亲自擂鼓激励兵众，杀得夏侯军大败。这还不算完，黄忠在此战役中斩杀了夏侯渊，群龙无首的曹军自然崩溃得更加彻底。

此战无疑是奇功一件。也正是因为这件功劳，黄忠得以与关羽、张飞等并列五虎上将。

可惜，璀璨总是转瞬即逝，黄忠在斩杀夏侯渊的次年便去世了，对于他的死，正史和演义说法不一。

正史中，黄忠是病死家中的，而《三国演义》里写的是黄忠为了夺回关羽的青龙偃月刀，急于给关羽报仇，中了埋伏，中箭重伤而死。

假如真是这样，关羽泉下有知，不知作何感想？

想当初，黄忠位列五虎上将，关羽是最不服的，还曾经大叫："大丈夫终不与老兵同列！"

而黄忠却为了给关羽报仇丢了性命，确实是忠勇无极！

赵云

赵云（? —公元229 年），子龙一身都
是胆，用龙代表他。

蜀将的最后一位，也是五虎上将的最后一位——赵云。

人人都知，赵子龙一身都是胆，赵子龙就是赵云。

赵云原本是公孙瓒的部下，随刘备支援田楷抵御袁绍时为
他掌管骑兵，因此与刘备结识，后来投奔了刘备。

赵云是三国时期出了名的猛将，号称"战神"，据说当时
其他猛将遇见赵云时的反应是拨转马头，转身就跑。

可见赵云"武力值"的震慑力。

赵云不仅从不畏惧单挑，面对围殴也是神勇无敌。

赵云最著名的战绩无疑是当阳长坂坡万军之中七进七出救
阿斗。但正史上确是如此吗?

没有。

那么赵云单骑救主这件事有没有呢?

有的。

刘备在长坂坡被曹操的五千精骑追上，只得抛妻弃子，只

身率几名亲随逃亡。

赵云只身回去营救后主，后主和二位夫人被裹挟在民众中，只被当成普通老百姓对待，也没有被曹军严加看守。虽然也有如张郃这样的猛将阻挡赵云，但是七进七出确实略有夸大。

话虽如此，但是赵云敢只身对抗曹魏大军也是勇气可嘉。

赵云对刘禅，还不止有一次救命之恩。后来孙夫人要带着刘禅回江东，也是赵云拦下来的。可以说，没有赵云，刘禅能不能顺利活到继承蜀汉帝国的那一天还是个未知数。

空城计也是《三国演义》中著名的一计，说诸葛亮使此计，赚得司马懿疑心有诈，只得班师回朝。

可事实并非如此，是赵云想出了此计，可见赵云是有勇有谋的将军。

赵云还是一名治军严谨的儒将。

马谡失了街亭后，蜀军败退，乱作一团。箕谷失利，赵云和邓芝迅速聚拢散兵，固守箕谷，没有造成大的损失。撤退时，赵云更是亲自断后，军需物资和人员损失都不大。事后诸葛亮要将物资奖励给赵云，赵云却以"军事无利，何为有赐"拒绝，请求将物资入库，冬天的时候再分给将士们。

可见赵云品行高洁。

因此，《三国志》的作者陈寿在介绍完赵云的一生后，给了他一个总体评价："黄忠、赵云强挚壮猛，并作爪牙，其灌、滕之徒欤？"意思是说，黄忠和赵云就和灌婴、夏侯婴一样，奋勇无敌，文武双全。

我想，白袍银枪、身骑白马的赵子龙，是当得起这个评价的。

吕蒙

吕蒙（公元178年—公元220年），江东多水军，所以用水獭代表吕蒙。

东吴一直偏安一隅，武将和谋士也不甚分明，像周瑜、鲁肃这些优秀谋士也颇有大将风范，智勇双全，委实难得。鉴于周瑜、鲁肃之前已经提过，所以我们第一个要介绍的吴将是吕蒙。

吕蒙出身微贱，十五六岁便跟随姐夫邓当投靠孙策，偷偷跟随邓当攻打山贼。邓当回头看见他，大惊失色，劝阻、呵斥也不管用，所以回去之后便向吕蒙的母亲打了小报告。他母亲听了之后也颇为生气，想处罚他。但他年纪虽小却伶牙俐齿，说起话来头头是道，他说："贫贱难可居，脱误有功，富贵可致。且不探虎穴，焉得虎子？"他母亲听了也心下悲哀，正是由于他们家境低微，才致使吕蒙以身犯险，因此母亲也没再惩罚他。

邓当手下一名小吏闻知此事，因吕蒙年纪小而轻视他，说："那小子能有什么能耐？不过就是拿肉喂老虎罢了。"吕蒙听了这话，自然不乐意，只是反应激烈了一点，直接杀了这个小吏。后来吕蒙通过校尉袁雄自首，袁雄又给他求了几句情。孙策见他是个人才，便将他留在了身边。

吕蒙最为出彩的一场战役，还是要数他白衣渡江夺取荆州。那时鲁肃已死，吕蒙成为继任的大都督。鲁肃是"鸽派"，认为应当继续孙刘联盟共同抗曹，尽可能以和平的方式夺回荆州，宁失荆州不失盟友。而吕蒙是"鹰派"，早在鲁肃在世时，他便和孙权密谋夺荆州。接替鲁肃后，他表面上加倍地加强与关羽的亲密关系，背地里则在关羽进攻樊城时假意托病回建业，骗得关羽撤除兵力。关羽在樊城时以缺粮为借口，未经允许便擅自取用江东集团的存粮。孙权一看可火了，我还没打你呢，你倒先动手了！于是立刻派吕蒙发兵进攻荆州。吕蒙让平民装成商人摇橹，每遇到一个关羽的巡逻哨所，就将士兵全部关押起来，所以关羽始终不知情。

吕蒙到了南郡后，控制了关羽和其他将士的家属，对他们好生照顾，下令士卒不得取用百姓任何东西，因此将士们的家属和百姓都得到了优待。关羽的士兵得知此事，也都无心恋战，在关羽逃往麦城后纷纷前来投降。吕蒙此役虽大获全胜，但回去便病倒了，孙权千方百计为他医治都没能奏效。

吕蒙的故事说到这里也就快告一段落了。你们可能会奇怪，为什么没有"孙权劝学"和"刮目相看"这些"名片场"，因为这些都太过耳熟能详，而我想让大家看看不一样的吕蒙。他虽不是江东四大都督中最强的，却是人际关系处理得最好的，这才是他最大的优势。

黄盖

　　黄盖（生卒年不详），生活在长江之滨，用扬子鳄代表他。

　　黄盖也是东吴名将，他从孙坚时期便帮助东吴打天下，是东吴最忠实可靠、最老牌的将领之一。

　　黄盖最著名的还是《三国演义》中赤壁之战时的"苦肉计"。

　　但正史上可没有这番精彩。赤壁之战确实是黄盖诈降赚得曹操，可是他只用了一封充满甜言蜜语的诈降书就博得了曹操全部的信任。

　　今天我们就来说说黄盖并不那么为人熟知的事。

　　黄盖这人治理县城很有一套。他在石城县当县令时，将所有的公文案卷都委派给两个掾史处理，但不允许这两个掾史有任何违法行为，否则一旦被他发现，就绝不是简单的鞭打杖责可以解决的。

　　一开始，大家都畏惧黄盖的威严，规规矩矩照章办事。时间一长，大家就发现，"欸，这个黄盖，说不管事还真就不管事！"于是他们就开始凭人情办事。

黄盖讨厌这种行为，所以他时不时地找来案卷看一看，了解了两位掾史所做的几件不法之事。于是他将县里管事的官吏都请到一起，办了一个 Party（聚会、宴会）招待他们。在宴会上，他将那些事实证据一件件地甩出来，当面质问那两个掾史，掾史答不上来，只得磕头谢罪。黄盖说："我之前已经警告过你们了，要是你们有不法行为，绝不是鞭打杖责能够了结的。"

　　于是他杀了这两个掾史，石城县的众官吏大受震动。

　　由此可见，黄盖不仅"武力值"高，有智谋，治理县城也非常有一套，真可以说是大将风范了。

甘宁

　　甘宁（？—公元 215 年），爱漂亮，水贼出身，用海鸥代表他。

　　第三位出场的吴将是甘宁。

　　甘宁本是水贼出身，纠集了一帮轻浮少年，自己当他们的首领。

　　甘宁号称"锦帆贼"，只因他不仅和手下身披绫罗绸缎，连船帆都要用昂贵的蜀锦制成，用过就割断，毫不吝惜。

　　陈寿对此的描写也很有意思，他说曹操喜结交和帮助朋友，是说他"任侠放荡"；说曹仁偷偷纠集年轻人，也只说他"阴结少年"；而说甘宁时可不一样，说他"招合轻薄少年"，专门强调了"轻薄"二字，也就点明了他"古惑仔"的身份。

　　甘宁从刘表处离开后投靠了黄祖，但黄祖始终只将甘宁当成普通人看待，甚至在甘宁救了他之后也是一样。甘宁这种自视甚高的小将哪受得了这种冷遇，于是便想弃黄归孙。

　　归了孙之后，自然得先交"投名状"，于是甘宁就给孙权谏言献策，说黄祖年高，早就不行了，他身边还都是些只会溜须拍马的小人。他还克扣手下的工资，大征赋税。总之，现在是西征的极好时机。这和鲁肃此前提出的建议不谋而合。于是甘宁便随同孙权西征，大获全胜，给了他老上司黄祖当头一闷棍，也让孙权得以手刃杀父仇人。

甘宁虽然开朗大度，善用人才，很得军心，却有一个缺点——残忍好杀。

甘宁的一个厨子曾经犯了错，逃去吕蒙那里。吕蒙担心甘宁会杀了那厨子，便暂时收留了他，待甘宁去看望自己时才将厨子交给他。甘宁答应了不杀厨子，结果刚上船就把那人绑在桑树上射杀了。

吕蒙听了大怒，气得当场就要去攻杀甘宁。吕蒙的母亲听了，急得连鞋都顾不上穿就跑出去拦住他，劝导他千万不能攻杀甘宁。吕蒙一直是个孝顺的孩子，听了母亲的话，就上船笑着对甘宁说："兴霸，我老娘做了好饭等你，快下来吃吧！"甘宁因此备受感动，流着泪跟吕蒙道歉，又拜见了他的母亲。

甘宁原是水贼出身，因有吕蒙和周瑜的赏识，孙权也对他很好，这辈子可以说是非常幸运了。

陆逊

陆逊（公元 183 年—公元 245 年 3 月 19 日），
丰姿卓然，用仙鹤代表他。

  写到陆逊，我不免有些难过，有些不舍，因为在我心中，陆逊是三国最后的名将，在他之后，甚至可说再无三国。

  陆逊是孙吴后期堪称"顶梁柱"的将领，他最大的功绩就是火烧夷陵。这一战狠狠挫了刘备的锐气，可谓是三国后期最精彩的一次战役了。

  陆家是江东豪门，陆逊年幼丧父，跟堂祖父陆康生活，二十一岁时开始在孙权的将军府任职，被外派到海昌县当屯田都尉。海昌遭连年大旱，陆逊打开粮仓救济百姓，又鼓励百姓从事农业生产，大大改善了百姓生活。

  陆逊在吕蒙生病期间，接替他完成了消灭关羽的大业。当时陆逊刚到陆口，便给关羽写了一封信，对他的功绩大肆吹捧，拍足了马屁。关羽收到来信，见信中语气谦卑，甚有些依附之意，心中得意，便对东吴不加防备。

不想陆逊此时正悄悄与孙权通信汇报情况，孙权则暗中派兵西上，出其不意地攻城略地。关羽逃跑时，陆逊又阻断了其后路，使其走投无路，最后只得败走麦城。

这里详细讲一下陆逊最出彩的一战——火烧夷陵。

黄武元年（公元222年），刘备率大军来犯，孙权任命陆逊为大都督率兵抗敌。

陆逊起先按兵不动，刘备设埋伏挑衅时，诸将皆说要战，只有陆逊看穿了其中有诈，仍按兵不动。

此时刘备大军已深入东吴腹地，东吴文武官员一致认为此时绝不能抗击刘备，而应当在他刚入吴时就击退他。此时刘备大军已集结，东吴已错过战机了。

而陆逊则不同，先前一直拒不出战的他此时却坚持出战，认为夷陵是抗击刘备的绝好地点。原先他唯恐刘备水陆并进，而现在刘备反而舍弃船只，用步兵结成连营，而且军队驻扎已久却没能占到便宜，已经士气低迷、无计可施了，今日正是进攻之时！

于是陆逊派兵攻打刘备的一处营塞，不承想大败而归。诸将更是不赞同他，说这不过是让士兵白送死。陆逊却自信满满地称，自己已经找到了消灭蜀军的办法。果然，他派遣士兵手持茅草，放火烧营，攻破了刘备四十多个营寨，杀得刘备全军溃败，刘备本人也逃回了白帝城。

陆逊是江东四大都督的最后一位，能力与才华却完全不逊于周瑜，也无愧"白袍小将"这一饱含赞美的称呼。

他的死，可谓国殇。

三国，也正式进入倒计时。

美人如玉

丁夫人

丁夫人（？—公元219年），品行高贵的母亲，用天鹅代表她。

三国时期广为人知的美人的确不少，如貂蝉、孙尚香，甚至吴国太。

但遗憾的是，我的书中并不会出现这些美人。

因为她们都是《三国演义》中杜撰的人物。

我要讲的第一位美人是曹操的原配正妻丁夫人。

丁夫人长得很漂亮。

据史书记载，曹操的母亲也姓丁，丁夫人也姓丁，按照古时候喜欢亲上加亲的联姻习俗，丁夫人说不定是曹操的表姐妹，两个人青梅竹马，这也能解释为什么丁夫人能够在曹操面前恣意地活成自己的样子，并不畏惧曹操的威势。

在丁夫人嫁给曹操之前，曹操还有过一个妾——刘夫人。刘夫人为他生了一儿一女，儿子便是他的长子曹昂。

无奈刘夫人红颜薄命，很早就死了，而丁夫人又正好无所

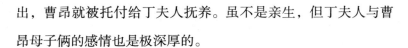

出，曹昂就被托付给丁夫人抚养。虽不是亲生，但丁夫人与曹昂母子俩的感情也是极深厚的。

也正是这深厚的母子之情，最终成了丁夫人和曹操夫妻关系破裂的导火索。

宛城之战中，张绣本来已经投降了，但无奈曹操好色，"收编"了张绣的婶婶。

张绣怎能忍受这样的耻辱，当夜就反了。

张绣造反，杀了曹操一个措手不及。他自己倒是跑了，却折了爱将典韦和爱子曹昂。

丁夫人一听这消息就崩溃了。曹昂于她，不是亲生胜似亲生。而且，曹昂是一个又有能力又听话的乖孩子，也是曹操心中完美的继承人，可他在宛城将马让给了曹操，自己却死于宛城。这对曹操夫妻是极大的打击。

但曹昂之死对丁夫人的打击无疑更大。因为曹操有很多儿子，而丁夫人有且只有这一个养子，好不容易拉扯大，用心教养，一瞬间什么都没有了，整日哭着让曹操还她儿子。曹操不胜其烦，便打发她回娘家。丁夫人求之不得，打好包便回去了。

过了一段时间，曹操觉得丁夫人冷静得差不多了，便亲自前去劝她回来，把车"开"到她家门口，拍着她的背求她回来，可丁夫人就是不答应，理都懒得理他。曹操也没办法，见劝不动，只得叹了口气，与她离婚。曹操倒也算公道，临行前还嘱咐她的家人可以将她改嫁。但要知道，这可是曹操的前妻啊！就算她的家人敢嫁她，也没人敢要啊！丁夫人也坚决不改嫁，此事只好作罢。

丁夫人在娘家病死后，曹操也极痛惜，说："要是我死去了，曹昂问我他母亲何在，我该怎么回答啊！"

可以说，曹操这辈子，最放不下的女人就是丁夫人了。

丁夫人也是我很心疼的一个女人，她独立且自尊，以自己的方式将抗议进行到底，也以自己的方式将曹昂铭记于心。

她不仅是曹操的妻子，更是曹昂的母亲，这是一位母亲最后的坚持。

卞夫人

卞夫人（公元 161 年—公元 230 年），像老母鸡一样护着曹操的孩子们。

曹操与丁夫人和离之后，总不能没有正室。他的第二位正妻就是卞夫人。

卞夫人是倡优出身，也就类似于今天的街头歌手。她和曹操的故事可以说是"霸道总裁爱上我"的套路。

卞夫人二十岁时，在谯县被曹操"捡"回家做了侧室，命运也就此改变。

曹操刚从洛阳溜出来时，董卓还在追杀他，他被迫逃亡。袁术想扰乱曹操军心，便传了曹操已死的假消息。曹家当时就乱了，随曹操到洛阳的人们都想回去。卞夫人身为一个弱女子，一个妾室，却站出来说道："曹君吉凶未可知。今日还家，明日若在，何面目复相见也？正使祸至，共死何苦！"众人觉得她说得在理，便留了下来。曹操果然没死，听说这事后便认为卞夫人很好。

也许正因如此，曹操和丁夫人离婚后，便立了卞夫人为正室。

卞夫人不仅能歌善舞，还善解人意，持家有方，是一个真正的贤妻良母。

丁夫人在做嫡妻时，抚养长子曹昂，并不把卞夫人放在眼里。丁夫人与曹操和离后，卞夫人体贴曹操对于丁夫人的愧疚，在曹操迎丁夫人回府时总是以嫡妻之礼相待，并且亲自操办了丁夫人的葬礼。

对于曹操交给她的那些像曹昂一样没有母亲的儿子，她也尽心抚养，毫无怨言。她自己的三个儿子也都个个成材：曹丕文武双全，曹彰勇武过人，曹植才高八斗。如果曹熊不是英年早逝，也会取得令人瞩目的成就吧！

卞夫人心地善良，聪慧过人，从她智救曹洪便能看出。她还在曹操冲动杀杨修后，立即给杨修的母亲写了一封信，安慰了她，又补偿了一大堆财物，可谓是把事后工作做足了，不愧为曹操的贤内助。

曹操一生女人无数，但我相信，他最爱的女人一定是卞夫人。她性格温婉，善解人意，是真正懂他，能够帮他的人。

无论乱世多乱，在她心中，对自己总有一个清晰的定位：一个女人，一个妻子，一个母亲。

甄宓

甄宓（公元 183 年—公元 221 年），是一个美貌的女子，像波斯猫一样温顺可爱。

甄宓便是传说中"一女乱三曹"的"洛神"甄氏。她身为曹丕的第一位皇后，在后人的臆想下成了一位神秘的奇女子，身世更是扑朔迷离。

相传，甄氏的真名叫"甄宓"。在野史杂记和民间传说中，甄氏在城破被俘后，曹氏父子三人都爱上了这个美丽贤淑的女孩。曹操好歹是当爹的，也不好跟儿子抢老婆，便很识时务地退出了，并将其许配给了长子曹丕。可次子曹植是有名的大才子，又深爱着甄氏，自古才子配佳人，曹植和甄氏互相爱慕，但又爱而不得。因此，曹植以甄氏为原形，写下了《洛神赋》，塑造了洛水之神宓妃。故甄氏的真名可能是甄宓。

但事实真的如此吗？

事实上，甄氏的真名在正史中并无记载，她本人也未与曹植有何瓜葛，更别提什么"一女乱三曹"了。她本是袁绍次子袁熙的妻子，从小知书达礼，温柔贤淑。曹操攻破邺城后，甄氏照顾着自己当时的婆婆刘夫人。曹丕见刘夫人身边这个披头散发的女孩在哭，便让她抬起头来，帮她梳好了头发，擦干净了脸，发现这个女孩极漂亮，甚是喜欢，便"收编"了她，十分宠爱。日后，甄氏为曹丕生了曹叡和东乡公主，曹丕登基后将她立为第一位皇后。

一开始是如此甜蜜，到最后怎么又被曹丕一怒而赐死呢？

原来，曹丕后来对妃子郭氏甚是宠爱，冷落了曾经钟爱的甄姬，甄氏自然不乐意，便多有怨言。但曹丕早已厌倦了她，便借此故将她赐死，听说其死相极凄惨。

正史中并未详述甄氏样貌，但从其他记载看来，想必也是极美的。而一代绝色美人最终竟落得如此悲惨的下场，属实令人扼腕。

也罢，在她如昙花般美丽而短暂的人生中，给三国这段历史留下了浓墨重彩的一笔，也给后人留下了无数谜团和遐想，称得上一句"翩若惊鸿，婉若游龙"了吧？

大小乔

大乔、小乔（生卒年不详），是一对姐妹花，像月宫的嫦娥仙子，所以用玉兔代表她们。

三国时期的美人，大小乔必得二席。

江南有二乔，河北甄宓俏，说的就是她们仨。

大乔、小乔的丰姿，在几百年后还被诗人们反复提起，让人难以忘怀。

最著名的应该是杜牧的那句："东风不与周郎便，铜雀春深锁二乔。"

为着这句诗，后世一直有一个讹传的八卦花边旧闻，说曹操之所以发动赤壁之战，正是为了这两位国色天香的美人。

当然，传说终究只是传说，不能真信，毕竟谁又会真的"冲冠一怒，只为红颜"呢？

曹操这种王者更不可能。

能吸引他的，只有天下！

但是大乔、小乔的美丽，应该是名不虚传的！

毕竟，孙策和周瑜都是当时名动天下的少年英雄，也是风神俊朗，文武双全，英姿倜傥，能与他们并肩而立的美女，那一定是真的美女了。

连苏轼都感叹："遥想公瑾当年，小乔初嫁了，雄姿英发，羽扇纶巾。"

他们真的是一对璧人，不，两对璧人。

不过，世间好物不坚牢，美丽也会带有哀伤。

按时间算，孙策取皖城是公元 199 年底，而他在公元 200 年 5 月遇刺身亡，所以大乔和孙策的姻缘只持续了不到半年，这期间，孙策还到处征战。这样看来，大乔和孙策在一起的时间就更短了，更不可能有儿女。

相遇相知只半年，相思相忆大半生，说的就是大乔吧！

这么看来，大乔的一生，除了一点高光，其余的日子都很灰暗！

相比之下，小乔就幸福得多了！

幸福果然是比较出来的！

虽然，在我看来，小乔的后半生也是灰暗的。

周瑜死于公元 210 年，也就是说，他和小乔在一起的时间差不多有十年，然而依然避免不了小乔后半生孤灯独守的凄凉。

一朵花，在孤独中寂寂凋零，是一件多么令人哀伤的事情！

何况，是这样两个美丽的女人！

孙尚香

孙夫人（？—约公元223年），将门虎女，也是"江东虎"的妹子，用老虎代表她。

周郎妙计安天下，赔了夫人又折兵！

这个"夫人"就是孙夫人，孙权之妹。

孙夫人到底叫不叫孙尚香，我也是比较疑惑的。

孙夫人在史料中并未记载其名，民间多称其为孙尚香，《三国演义》中的孙仁或许也指的是她。

孙夫人到底容貌如何，史书中并无详细记载，但是她一定是一个不一样的女子。

陈寿在《三国志》里说她"才捷刚猛，多有诸兄之风"，可见，她不是柔弱的古代闺阁女子，而是红粉英雄、巾帼名流。

孙刘结盟抗曹时，孙权为拉拢刘备，便将妹妹送去与之联姻，所以孙夫人不过是这场政治联姻的筹码。

能当政治筹码，想必孙夫人就算不是美得倾国倾城，也一定是颇对得起观众的。要不然，刘备也不能被笼络住，毕竟有甘夫人珠玉在前。

孙夫人从小性情刚烈，颇有男儿的气质，在女性作为男人附庸的年代，孙夫人这样的女性是少有的。

有一个有趣的小故事，说的是结婚当天，刘备入洞房时，新娘子还没见着，先看见她的上百个侍女个个手执利刃把守，房间里也摆满了兵器，可把刘备吓得不轻。很多人都喜欢玫瑰，但是没有人喜欢刺，刘备也一样。

虽然《三国演义》里，孙夫人和刘备感情甚笃，为了他不惜别母弃兄，颇有嫁鸡随鸡、嫁狗随狗、夫唱妇随的意味，但是在《三国志》中，对孙夫人并没有过多着墨，甚至没有专门的篇章，只是在写其他人的时候提到了她，还不是正面描写，说她"多将吴吏兵，纵横不法"。

孙夫人和刘备之间的政治联姻，基本与孙刘两家的政治关系同步，孙刘联合抗曹，孙夫人嫁给刘备；曹操退了，刘备入蜀，孙刘闹掰，孙权就派人去接回妹妹。

孙夫人归吴时还想顺便带走阿斗，幸亏诸葛亮反应敏捷，迅速派出张飞和赵云前去拦截，及时夺回了阿斗。

归吴后的孙夫人就此湮没于历史，从此"查无此人"。

孙夫人是历史上政治联姻的代表人物，也是政治斗争的牺牲品。她的婚姻没有感情，全是算计。

然而，她的牺牲并没有得到孙刘任何一家的认可，在孙权一方来看是"赔了夫人又折兵"，而在刘备一方则是"祸生肘腋"，谁也没有把她当作自己人。

对于孙夫人而言，她没有国，也没有家，甚至没有一个真正爱她的人，而她唯一所爱的，也只是生她养她的那片土地。

每一段历史中都不能缺少女性的存在，她们或许不是最重要的角色，却像夜空闪亮的流星，为历史长河增色不少。

结 语

　　三国，或可称为中国历史上群星闪耀的一段时期。由于篇幅有限，我有不少英雄豪杰未能写到，大家有兴趣可以去参读其他史料。

　　但不可否认的是，无论群雄并起是多么波澜壮阔，战争终究是残酷的。无论这些英雄在历史上留下了多么辉煌的一笔，他们给当时的百姓带来的终究只有苦难。

　　当时的天下好像一张巨大的赌桌，群雄将百姓和自己的生命当作赌注和筹码，攥在手里挥来掷去，就为了那无上的、诱人的权力。

　　他们是真正的赢家吗?

　　不，他们只是幸存者。